AF367425

# 100 EJERCICIOS Y JUEGOS
## seleccionados de
## iniciación al
# FÚTBOL SALA


José Ignacio Pérez Sánchez
Jaime Cruz Solano
David Blanco Luengo

**Título**: 100 EJERCICIOS Y JUEGOS SELECCIONADOS DE INICIACIÓN AL FÚTBOL SALA
**Autores**: José Ignacio Pérez Sánchez, Jaime Cruz Solano, David Blanco Luengo, José Fco. Wanceulen Moreno,
    Antonio Wanceulen Moreno

**Editorial:** WANCEULEN EDITORIAL
**Sello Editorial:** WANCEULEN EDITORIAL DEPORTIVA

**ISBN (Papel):** 978-84-18262-56-2
**ISBN (Ebook):** 978-84-18262-57-9

**DEPÓSITO LEGAL:** SE  922-2020

Impreso en España. 2020

WANCEULEN S.L.
C/ Cristo del Desamparo y Abandono, 56 - 41006 Sevilla
Dirección web: www.wanceuleneditorial.com y www.wanceulen.com
Email: info@wanceuleneditorial.com

# ÍNDICE

# INTRODUCCIÓN

Este título forma parte de una colección de juegos y ejercicios para los técnicos y monitores de los distintos deportes, en la que, de cada uno de ellos se ofrecen 100 juegos y ejercicios para su entrenamiento y para su enseñanza. Esta colección cubre un hueco en la bibliografía sobre el proceso de enseñanza-aprendizaje deportivo.

Las actividades propuestas pueden aplicarse directamente. Para adaptarlas a diferentes niveles de enseñanza y/o entrenamiento en función de los grupos con los que estemos trabajando, no hay mas que aplicar las oportunas modificaciones según consideremos adecuado: modular la velocidad de ejecución, acentuar o atenuar la dificultad de las acciones, limitar o aumentar el número de reglas limitantes, aumentar o disminuir el espacio y las distancias...

Las actividades incluidas están concebidas bajo una visión integral del entrenamiento, desarrollando todos los contenidos técnico-tácticos con las directrices actuales que rigen los procesos de enseñanza-aprendizaje de las actividades deportivas, y que persiguen la mejora simultánea de los aspectos técnicos, tácticos, físicos y psicológicos.

Metodológicamente, estas actividades, ofrecen una práctica cercana a la situación real de competición en la que se establezcan los procesos de relación interna, propios del deporte, con el objetivo fundamental de que el jugador fomente y potencie el pensamiento y capacidad táctica, en base a una continua toma de decisiones.

Todas las actividades están presentadas en una representación gráfica marcada por la claridad, de tal forma que su estructura inicial y su dinámica son observables a simple vista. A cada una de estas representaciones gráficas le acompaña una ficha explicativa, en la que se explicitan los objetivos principales y secundarios, los medios técnico-tácticos empleados, y las características organizativas: número de jugadores, tamaño del terreno, material utilizado y tiempo de actividad.

Material práctico para desarrollar las sesiones de entrenamiento y preparación de todas las edades y niveles.

El técnico deportivo en etapas de formación, y el profesor de educación física, siempre han demandado obras útiles con juegos y actividades prácticas para amenizar la sesión, y que recojan los aspectos específicos necesarios para una correcta formación motriz y una adecuado desempeño en la práctica deportiva.

Para los técnicos noveles representa una simplificación a la hora de elaborar las sesiones diarias. Y para los técnicos experimentados, una base sobre la que construir su trabajo diario para la mejora tanto de las habilidades genéricas como específicas, con la aportación de la propia experiencia.

Por ello, en esta obra, hemos incluido actividades muy seleccionadas del amplio repertorio existente, con el objetivo de ofrecer una propuesta real y de fácil puesta en práctica, evitando crear un manual repleto de variantes o de actividades de dudosa eficacia.

## INTRODUCCIÓN AL FÚTBOL SALA

El fútbol sala o Futsal, es un deporte de colaboración-oposición (deporte sociomotriz), que se caracteriza por su elevado compromiso motor, en la continua adaptación del jugador a un entorno cambiante y dinámico, con déficit de tiempo y espacio para percibir, tomar decisiones y ejecutar las acciones que aporten soluciones al juego.

## FACTORES DEL JUEGO

- Espacio de juego: Pista de 40x20, donde el sentido del juego viene determinado por cada una de las dos porterías.

- Participación en el juego: Se trata de un juego de 5x5 con opciones de intercambios constantes con otros jugadores que saltan a la cancha desde el banquillo, lo que dinamiza la participación y la intensidad, y en el cuál la participación y la incidencia en el juego de los 5 jugadores que participan por equipo, es constante y significativa.

- Elemento principal: Es el móvil, el balón y por tanto el juego viene condicionado por el hecho de si se dispone o no de su posesión.

- Tiempo de juego: Condicionado a que el balón está en juego. Suele ser de dos tiempos de 20 minutos, aunque varía en determinadas competiciones.

- Reglamento: Regula el juego.

## Objetivos del juego:

- Ataque: conservación del balón - progresión en el juego - finalización / conseguir gol.

- Defensa: recuperación del balón - evitar progresión en el juego - evitar el gol.

- Capacidades condicionales y comunicación motriz: base física de la acción.

- Técnica: ejecución de las diferentes acciones del juego.

- Táctica: conjunto de acciones que, mediante la utilización de los recursos disponibles y el análisis de las situaciones, tratan de lograr el objetivo concreto del juego.

  Aspectos y factores más relevantes del juego:

- Deporte de colaboración-oposición, dinámico e intenso.

- Déficit de espacio y tiempo.

- Alto componente perceptivo-decisional y por tanto táctico-cognitivo.

- Apoyo en aspectos físicos y técnicos para la ejecución de las acciones del juego.

- El objetivo esencial del juego es, evidentemente, hacer gol.

- Los gestos técnicos más determinantes son el control, el pase y el tiro a portería.

- Es un juego que requiere altos niveles de precisión y velocidad, tanto en la toma de decisiones, con el patrón motor físico y técnico adecuado.

Físicamente, destaca por esfuerzos intermitentes de elevada intensidad de corta o media duración, que requieren períodos suficientes de descanso y un trabajo de base que genere óptimos niveles de fuerza y de la resistencia a la velocidad para mantener un ritmo eficaz.

Tiene un carácter eminentemente táctico, dado su constante interrelación. Este tipo de relación colaboración-oposición se produce con o sin el balón, es decir, en cualquiera de las fases del juego de ataque/defensa y de forma simultánea. A pesar de ello, en ocasiones es necesario atacar contra una defensa organizada y posicionada, se recurre a la construcción del ataque, que puede ser elaborado o más directo.

Las acciones a balón parado, córner, banda o falta, son especialmente relevantes en fútbol sala, ya que, debido a la cercanía a las porterías, son acciones con grandes posibilidades de terminar en gol.

Los puestos principales son: portero, cierre, alas, pívot. Como en casi todas las especialidades deportivas, hay jugadores polivalentes llamados jugadores universales y algunos jugadores especialistas con dominio alto de algunas habilidades específicas.

## ETAPAS DE FORMACIÓN

Las etapas evolutivas del joven jugador de futsal en su proceso de formación, también es muy similar al del resto de especialidades deportivas colectivas y podrían ser las siguientes:

- Iniciación: Abarca desde los 6 años hasta los 10 años, período en el cual el jugador se familiariza con el juego de forma organizada.

- Desarrollo: Abarca desde los 11 años hasta los 14 años, período en el cual el jugador empieza a entender e juego de forma organizada y estructurada.

- Formación especializada: Abarca desde los 15 años hasta los 16 años, período en el cual el jugador empieza a aplicar la técnica aprendida en etapas anteriores y se progresa en los aspectos tácticos.

- Perfeccionamiento: Abarca desde los 17 años hasta los 18 años, período en el cual se perfecciona y consolida lo aprendido en etapas anteriores, con organización táctica más compleja.

- Alto Rendimiento: Abarca a partir de los 19 años, entrando de lleno en la fase de rendimiento donde el jugador tiene desarrolladas plenamente las exigencias de la alta competición.

** Los textos de este apartado, se han extractado, adaptado, simplificado y modificado, de contenidos incluidos en el Manual de la UEFA para Entrenadores de Fútbol Sala, en su edición de abril del 2017, elaborado por José Venancio López Hierro.*

# CONTENIDO

### Ejercicios para la Técnica Individual

1. Ejercicios para el control.

2. Ejercicios para la conducción.

3. Ejercicios para el regate y finta.

4. Ejercicios para el tiro.

5. Ejercicios para el juego de cabeza.

### Ejercicios de Iniciación - Técnica colectiva

6. Ejercicios para el pase.

7. Ejercicios para las combinaciones.

8. Ejercicios para el relevo.

### Ejercicios de Iniciación - Técnica defensiva

9.  Ejercicios para el entrada y carga.

10. Ejercicios para la anticipación.

11. Ejercicios para la interceptación.

12. Ejercicios para el despeje.

### Ejercicios para el Portero

13. Ejercicios de iniciación para el Portero

# SIMBOLOGÍA

BALÓN
JUGADOR
DESPLAZAMIENTO
JUGADOR
DESPLAZAMIENTO
BALÓN
CONDUCCIÓN

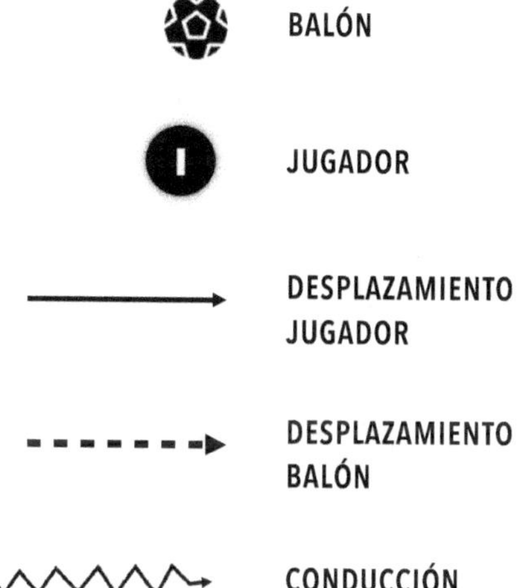

# 100 EJERCICIOS Y JUEGOS SELECCIONADOS DE INICIACIÓN AL FÚTBOL SALA

| Ejercicio N° 1 | Objetivo Principal | Mejorar el control del balón |  |
| --- | --- | --- | --- |
|  | Objetivos Secundarios | Mejorar el pase |  |
| Medios Técnico-Tácticos | pase-recepción, apoyo y desplazamiento |  |  |
| Jugadores | 4 (3 atacantes x 1 defensor) | Campo | 8m x 8m x 8m (triángulo) |
| Material | Conos y balón | Tiempo | 8' |
| Explicación |  |  |  |

Juego 3:1 con los 3 atacantes situados en las esquinas del triángulo formado y el defensor trata de recuperar el balón.

Se juega obligatoriamente a 2 toques (control-pase).

| Observaciones | Se juega obligatoriamente a 2 toques (control-pase). |
| --- | --- |

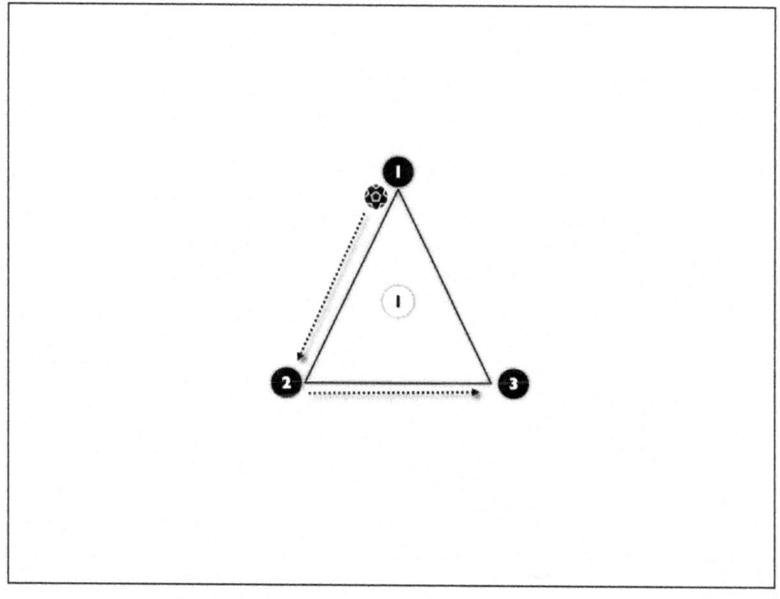

| Ejercicio Nº 2 | Objetivo Principal | Mejorar el control del balón |
| --- | --- | --- |
| | Objetivos Secundarios | Mejorar el pase |
| Medios Técnico-Tácticos | desmarque, pase-recepción, apoyo, desplazamiento | |
| Jugadores | 6 (4 atacantes x 2 defensores) | Campo | 10m x 10m |
| Material | Conos y balón | Tiempo | 8' |

| Explicación |
| --- |

Juego 4:2 con 4 atacantes colocados en los cuatro bordes del cuadrado pudiéndose desplazar lateralmente por cada lado para ofrecer apoyos y los 2 defensores tratan de recuperar el balón.

| Observaciones | Se juega obligatoriamente a 2 toques (control-pase). |
| --- | --- |

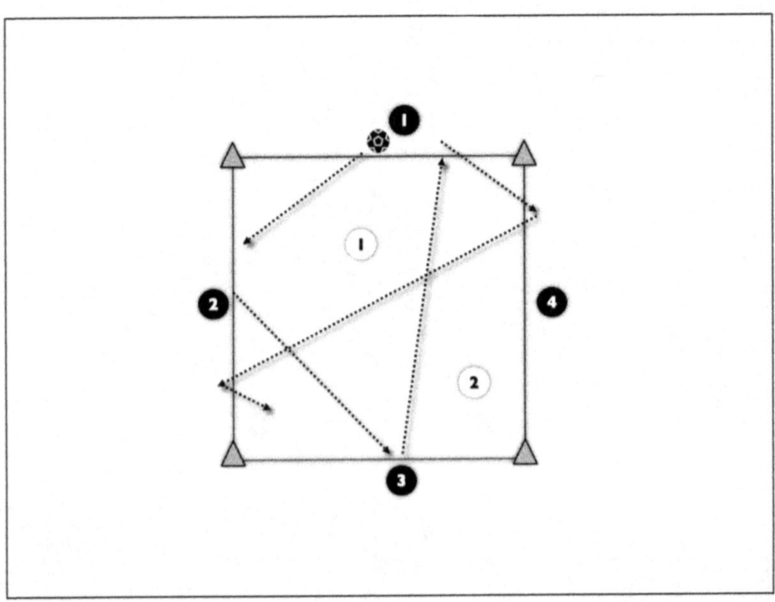

| Ejercicio Nº 3 | Objetivo Principal | Mejorar el control del balón |
|---|---|---|
| | Objetivos Secundarios | Mejorar el pase |
| Medios Técnico-Tácticos | desmarque, pase-recepción, apoyo, desplazamiento | |
| Jugadores | 6 (2 equipos de 2 jugadores +2 comodines) | Campo | 10m x 10m |
| Material | Conos y balón | Tiempo | 3 x 3´ |

| Explicación |
|---|
| Juego 2:2+2 comodines que juegan con el equipo en posesión del balón y apoyan desde el interior del campo. Los defensores intentan robar el balón al otro equipo. |

| Observaciones | Cada 3´ cambiar los comodines.<br>Se Juega obligatoriamente a 2 toques (control-pase). |
|---|---|

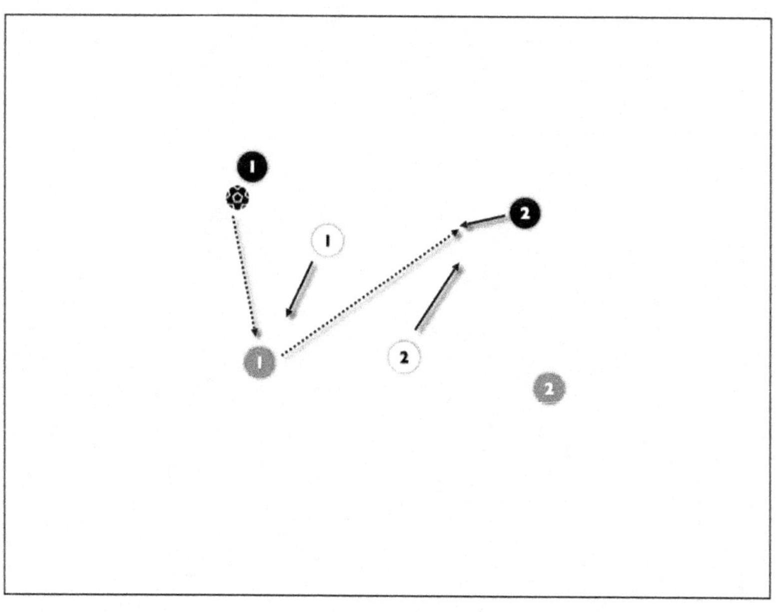

| Ejercicio Nº 4 | Objetivo Principal | Mejorar el control del balón |
|---|---|---|
| | Objetivos Secundarios | Mejorar el pase y el desmarque |
| Medios Técnico-Tácticos | desmarque, pase-recepción, apoyo, desplazamiento | |
| Jugadores | 10 (2 equipos de 5 jugadores) | Campo | 20m x 20m |
| Material | Conos y balón | Tiempo | 8′ |

| Explicación |
|---|
| Juego 5:5 el equipo en posesión del balón consigue un punto por cada control que realiza un jugador, tras lo cual conseguirán con la posesión del balón. |

| Observaciones | Se Juega obligatoriamente a 2 toques (control-pase). |
|---|---|

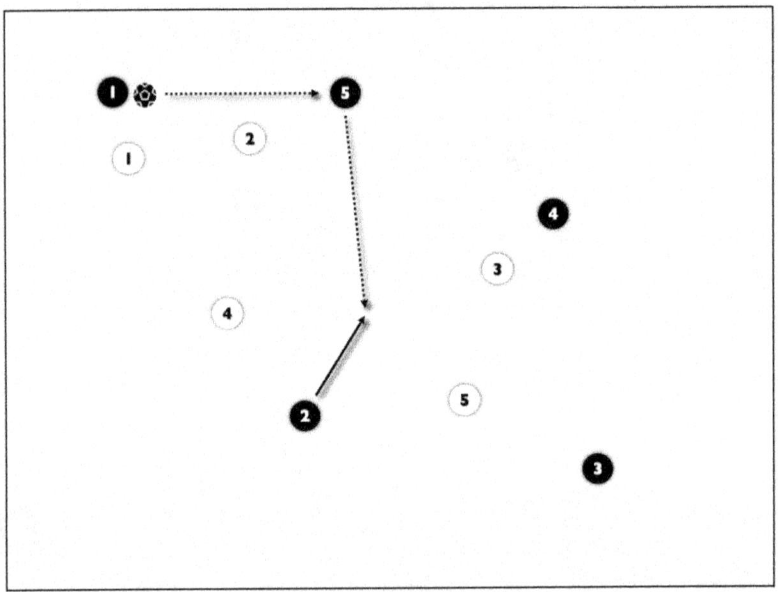

| Ejercicio Nº 5 | Objetivo Principal | Mejorar el control del balón |
| --- | --- | --- |
| | Objetivos Secundarios | Mejorar el pase y el desmarque |
| Medios Técnico-Tácticos | desmarque, pase-recepción, apoyo, desplazamiento | |
| Jugadores | 10 (2 equipos de 5 jugadores) | Campo | 20m x 20m (zona 10m x 10m) |
| Material | Conos y balón | Tiempo | 8´ |
| Explicación | | |

Juego 5:5 se delimita una zona central. El equipo en posesión del balón gana un punto cada vez que un jugador controle el balón dentro de la zona central, tras lo cual seguirían con la posesión del balón.

| Observaciones | Se Juega obligatoriamente a 2 toques (control-pase). |
| --- | --- |

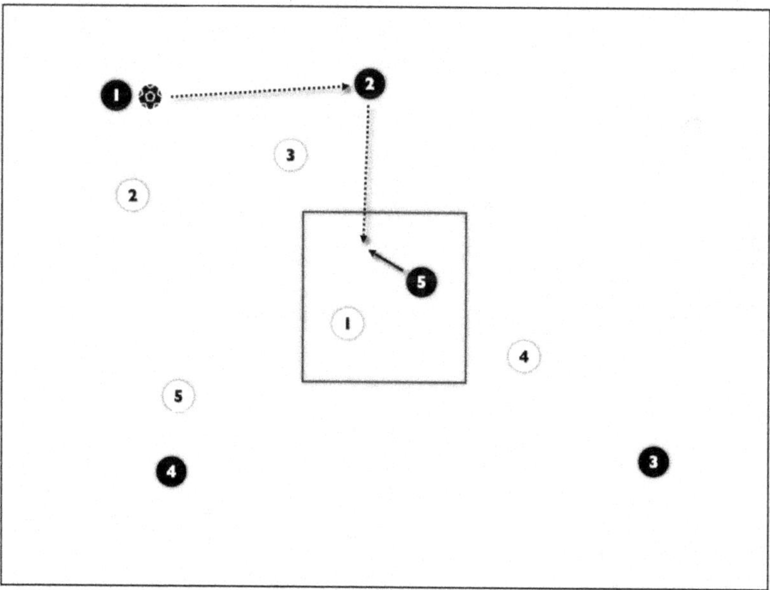

| Ejercicio N° 6 | Objetivo Principal | Mejorar el control del balón |
| --- | --- | --- |
| | Objetivos Secundarios | Mejorar el pase y el desmarque |
| Medios Técnico-Tácticos | desmarque, pase-recepción, apoyo, desplazamiento | |
| Jugadores | 10 (2 equipos de 5 jugadores) | Campo | 20m x 20m |
| Material | Conos y balón | Tiempo | 8´ |
| Explicación | | |

Juego 5:5 al equipo, al equipo con la posesión del balón se le obliga a jugar con la siguiente secuencia de pases: 3 cortos + 1 largo, si lo consiguen se anotan 1 punto y mantienen la posesión del balón.

| Observaciones | Se juega obligatoriamente a 2 toques (control-pase). |
| --- | --- |

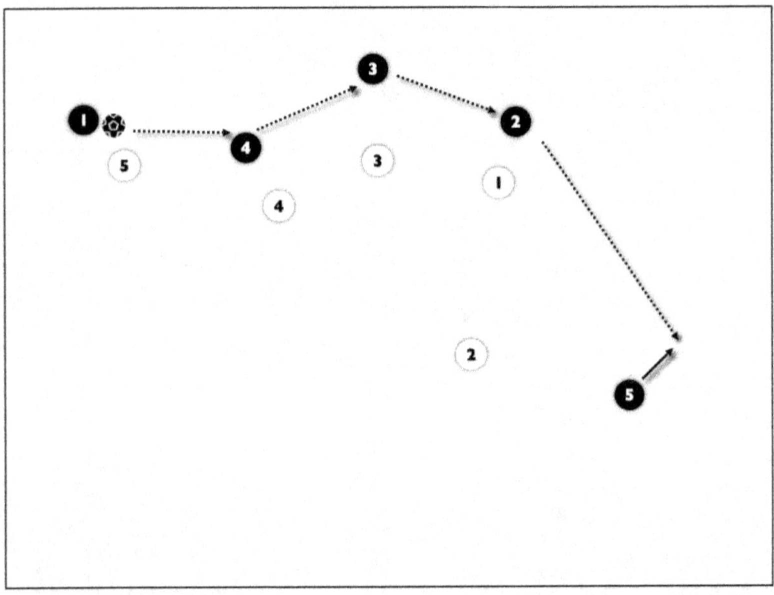

| Ejercicio Nº 7 | Objetivo Principal | Mejorar el control del balón |
| --- | --- | --- |
| | Objetivos Secundarios | Mejorar el pase y el desmarque |
| Medios Técnico-Tácticos | desmarque, pase-recepción, apoyo, desplazamiento | |
| Jugadores | 10 (2 equipos de 5 jugadores) | Campo | 30m x 20m (3 porterías pequeñas de 2m) |
| Material | Conos y balón | Tiempo | 8´ |

| Explicación |
| --- |

Juego 5:5, se colocan en el campo 3 porterías (ver gráfico). El equipo en posesión del balón consigue 1 punto cada vez que los jugadores consiguen controlar un pase a través de cualquiera de las porterías tras lo cual continúan con la posesión del balón.

| Observaciones | Se juega obligatoriamente a 2 toques (control-pase). |
| --- | --- |

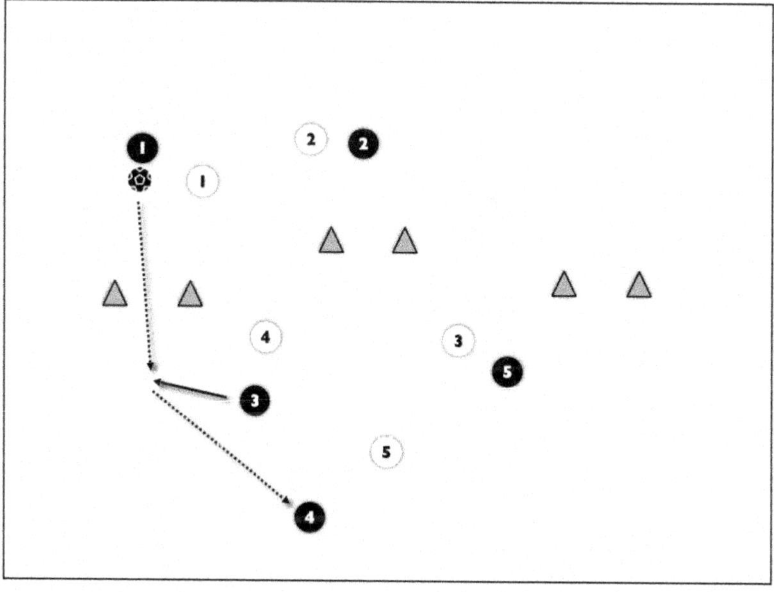

| Ejercicio Nº 8 | Objetivo Principal | Mejorar el control del balón |
|---|---|---|
| | Objetivos Secundarios | Mejorar el pase y el desmarque |

| Medios Técnico-Tácticos | desmarque, pase-recepción, apoyo, desplazamiento | | |
|---|---|---|---|
| Jugadores | 5 (2 equipos de 2 jugadores + 1 comodín defensivo) | Campo | 12m x 12m |
| Material | Conos y balón | Tiempo | 6 x 2′ |

| Explicación |
|---|
| Juego 2:2+1 comodín que va con el equipo que defienda (ver gráfico). El equipo atacante debe intentar mantener el balón en su posesión. |

| Observaciones | Cada 2′ cambiar los comodines. Se juega obligatoriamente a 2-3 toques. |
|---|---|

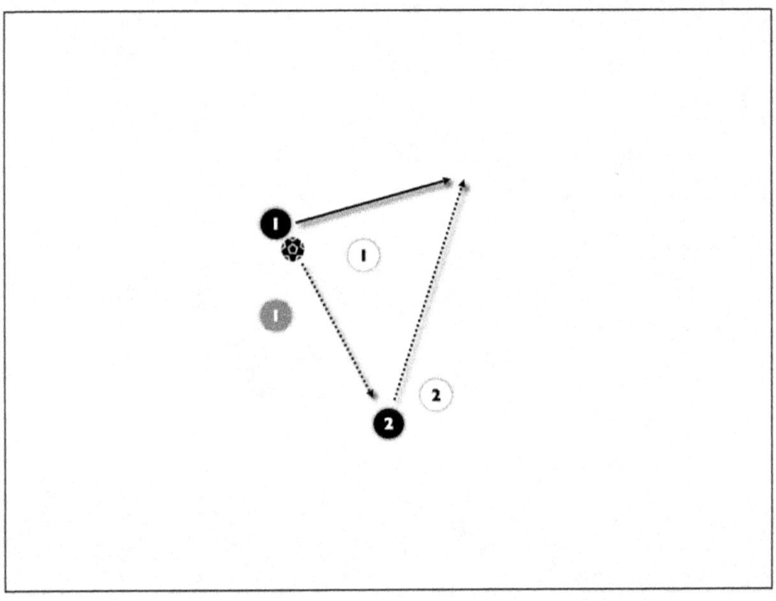

| Ejercicio N° 9 | Objetivo Principal | Mejorar la conducción de balón |
| --- | --- | --- |
| | Objetivos Secundarios | Mejorar el control y el pase |
| Medios Técnico-Tácticos | pase-recepción, apoyo, conducción, manejo del balón | |
| Jugadores | 6 (2 equipos de 2 jugadores + 2 comodines) | Campo | 12m x 12m |
| Material | Conos y balón | Tiempo | 3 x 4´ |
| Explicación | | |

Juego 2:2+2 comodines que van con el equipo con la posesión del balón y que apoyan desde el interior del campo de juego. El jugador en posesión del balón tiene que dar 4 toques (conducción) antes de poder pasar el balón

| Observaciones | Cada 4´ cambiar a los comodines. |
| --- | --- |

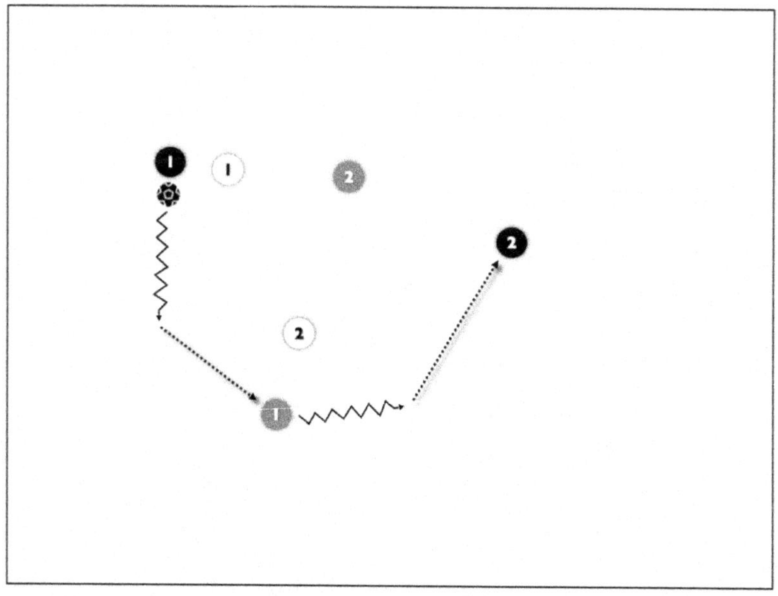

| Ejercicio Nº 10 | Objetivo Principal | Mejorar la conducción de balón |
| --- | --- | --- |
| | Objetivos Secundarios | Mejorar el control y el pase |
| Medios Técnico-Tácticos | pase-recepción, apoyo, conducción, manejo del balón | |
| Jugadores | 10 (2 equipos de 4 jugadores + 2 comodines) | Campo |
| Material | Conos y balón | Tiempo |

| | Campo | 30m x 20m |
| --- | --- | --- |
| | Tiempo | 5 x 2′ |

**Explicación**

Juego 4:4+2 comodines que van con el equipo con la posesión del balón y que apoyan desde el interior del campo de juego. El jugador en posesión del balón tiene que dar 4 toques (conducción) antes de poder pasar el balón.

| Observaciones | Cada 2′ cambiar a los comodines. |
| --- | --- |

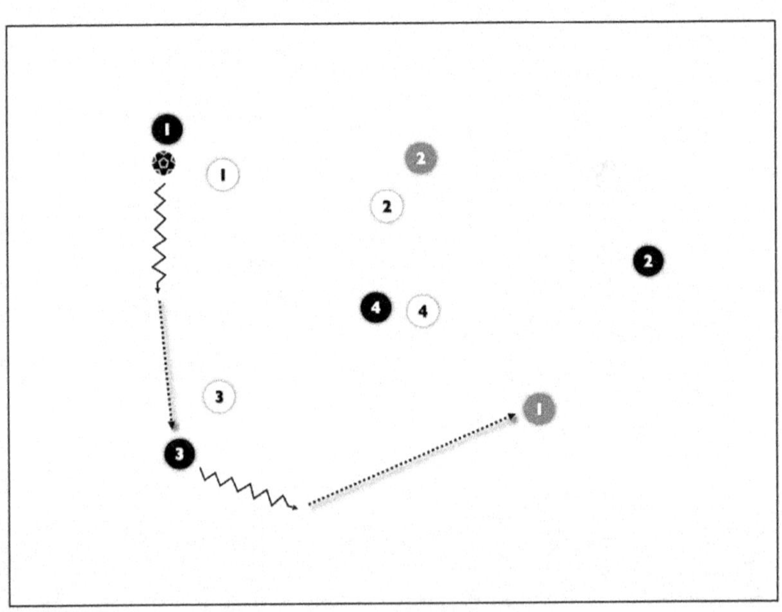

| Ejercicio Nº 11 | Objetivo Principal | Mejorar la conducción de balón |
| --- | --- | --- |
| | Objetivos Secundarios | Mejorar el pase y el desmarque |
| Medios Técnico-Tácticos | pase-recepción, apoyo, conducción, manejo del balón | |
| Jugadores | 10 (2 equipos de 4 jugadores + 2 comodines) | Campo |
| Material | Conos y balón | Tiempo |

| Campo | 30m x 20m + 4 cuadrados de 2m x 2m |
| --- | --- |
| Tiempo | 5 x 2′ |

### Explicación

Juego 4:4+2 comodines que van con el equipo en posesión del balón y que ayudan desde el interior del campo de juego. Se colocan en el campo 4 cuadrados (ver gráfico). El equipo en posesión del balón consigue un punto cada vez que un jugador reciba el balón en el interior de un cuadrado y éste lo salga conduciendo alguno de los triángulos, tras la cual seguirían con la posesión del balón.

| Observaciones | Cada 2′ cambiar a los comodines. |
| --- | --- |

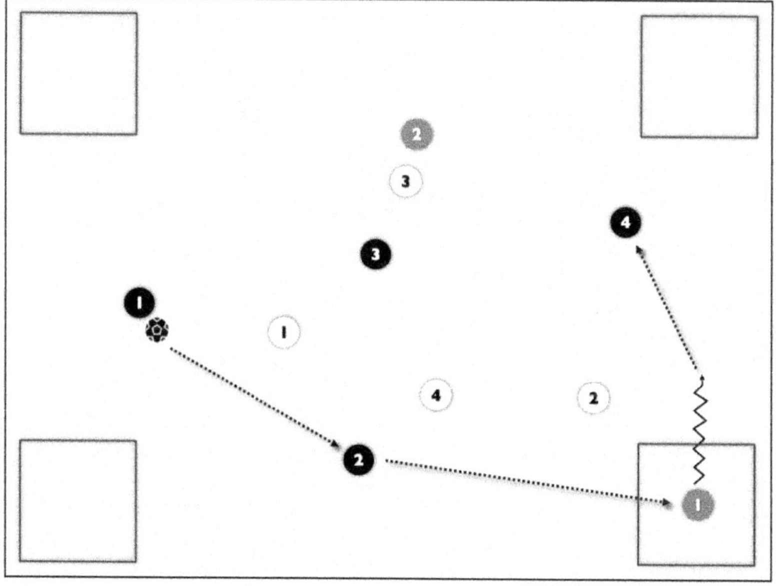

| Ejercicio N° 12 | Objetivo Principal | Mejorar la conducción de balón |
|---|---|---|
| | Objetivos Secundarios | Mejorar el control y el pase |
| Medios Técnico-Tácticos | pase-recepción, apoyo, conducción, manejo del balón | |
| Jugadores | 10 (2 equipos de 5 jugadores) | Campo | 30m x 20m |
| Material | Conos y balón | Tiempo | 8´ |

| Explicación |
|---|
| Juego 5:5. El jugador en posesión del balón tiene que dar 4 toques mínimos (conducción) antes de poder pasar el balón. |
| Observaciones |

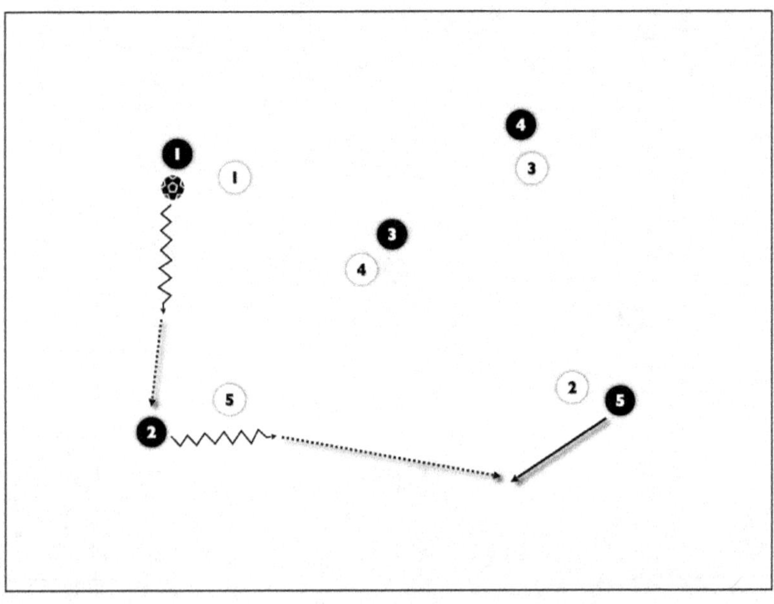

| Ejercicio Nº 13 | Objetivo Principal | Mejorar la conducción de balón |
| --- | --- | --- |
| | Objetivos Secundarios | Mejorar el pase y el desmarque |
| Medios Técnico-Tácticos | pase-recepción, apoyo, conducción, manejo del balón | |
| Jugadores | 10 (2 equipos de 5 jugadores) | Campo | 30m x 20m (zona 10m x 10m) |
| Material | Conos y balón | Tiempo | 8´ |
| Explicación | | |

Juego 5:5, se marca una zona del centro del campo (ver gráfico). El equipo en posesión del balón consigue un punto cada vez que un jugador recibe el balón en el interior de esta zona marcada y logre salir conduciéndolo, tras lo cual continúan con la posesión del balón.

| Observaciones | En la zona marcada no se puede permanecer por más de 10´´ |
| --- | --- |

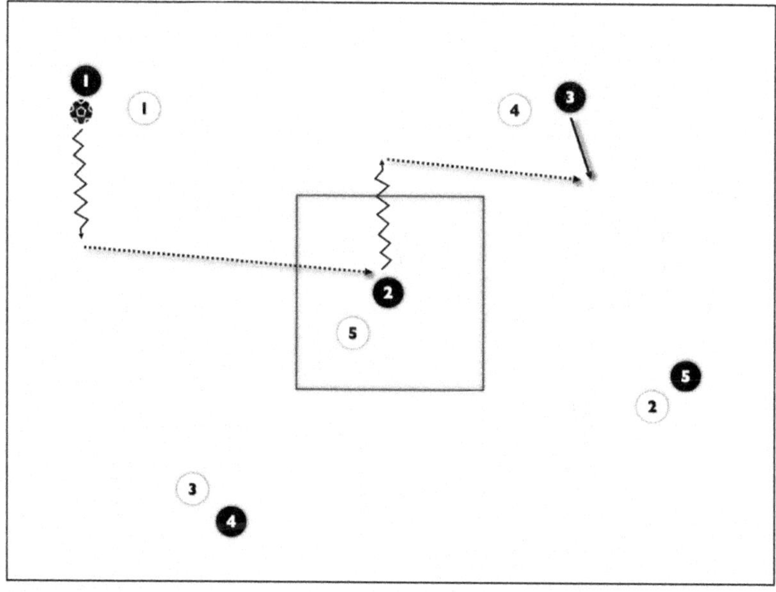

| Ejercicio Nº 14 | Objetivo Principal | Mejorar la conducción de balón |
|---|---|---|
| | Objetivos Secundarios | Mejorar el pase y el desmarque |
| Medios Técnico-Tácticos | pase-recepción, apoyo, conducción, manejo del balón | |
| Jugadores | 10 (2 equipos de 5 jugadores) | Campo | 30m x 20m (4 porterías pequeñas de 2m) |
| Material | Conos y balón | Tiempo | 8´ |

| Explicación |
|---|
| Juego 5:5, se colocan 4 porterías de 2m. Cada equipo ataca y defiende dos porterías (ver gráfico). El equipo en posesión del balón logra un punto cada vez que un jugador consigue atravesar conduciendo una de las porterías defendidas por el adversario, tras lo cual seguirían con la posesión del balón. |

| Observaciones | Las porterías se pueden cruzar en ambas direcciones. |
|---|---|

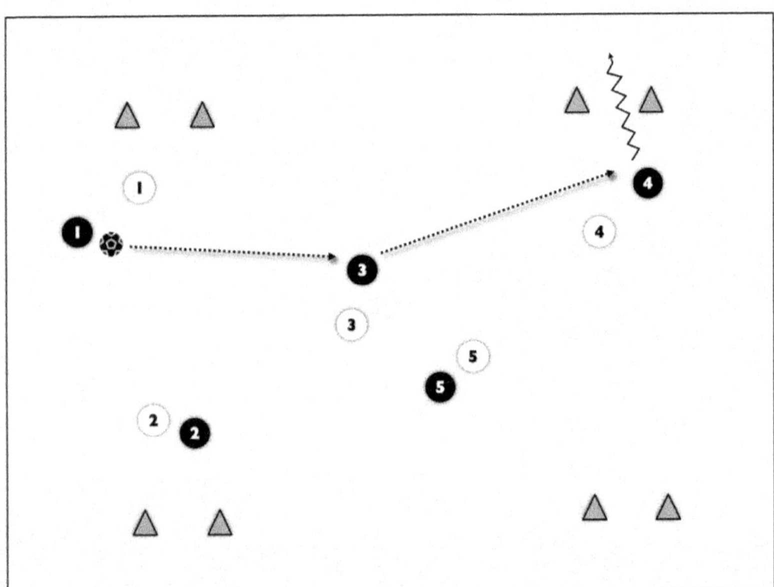

| Ejercicio Nº 15 | Objetivo Principal | Mejorar la conducción de balón |
|---|---|---|
| | Objetivos Secundarios | Mejorar el pase y el desmarque |
| Medios Técnico-Tácticos | pase-recepción, apoyo, conducción, manejo del balón | |
| Jugadores | 10 (2 equipos de 5 jugadores) | Campo | 30m x 20m (2 porterías anchas de 20m) |
| Material | Conos y balón | Tiempo | 8´ |

**Explicación**

Juego 5:5, se coloca en el campo dos porterías anchas de 20m, cada equipo ataca y defiende una portería (ver gráfico). El equipo en posesión del balón logra un punto cada vez que un jugador consigue atravesar conduciendo la portería defendida por el adversario, tras lo cual continúan con la posesión del balón.

Observaciones

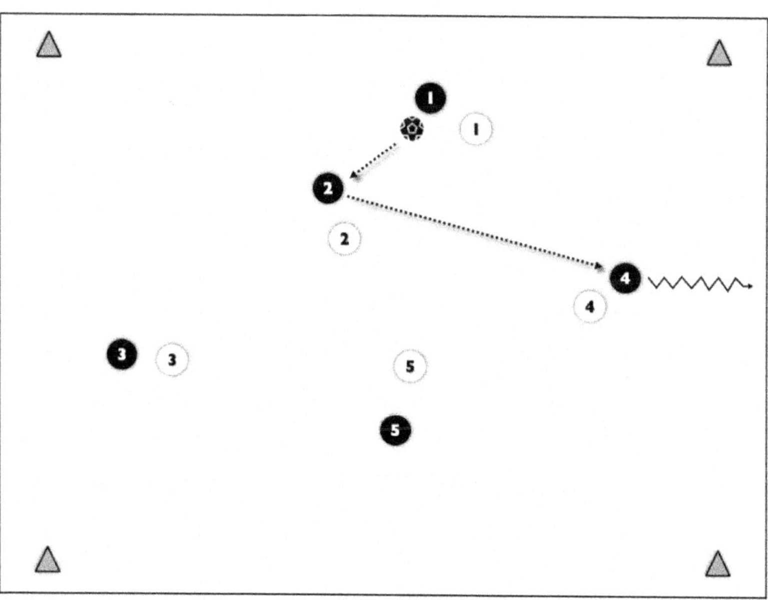

| Ejercicio Nº 16 | Objetivo Principal | Mejorar la conducción de balón |
| --- | --- | --- |
| | Objetivos Secundarios | Mejorar el pase y el desmarque |
| Medios Técnico-Tácticos | pase-recepción, apoyo, conducción, manejo del balón | |
| Jugadores | 10 (2 equipos de 5 jugadores) | Campo | 30m x 20m (3 porterías de 3m) |
| Material | Conos y balón | Tiempo | 8´ |
| Explicación | | |

Juego 5:5, se colocan en el campo de juego 3 porterías de 3m, cada equipo ataca y defiende 3 porterías neutrales (ver gráfico). El equipo con la posesión del balón logra un punto cada vez que un jugador consigue atravesar conduciendo alguna de las porterías defendidas, tras lo cual se cambiaría la posesión del balón.

| Observaciones | Las porterías se pueden cruzar en ambas direcciones. |
| --- | --- |

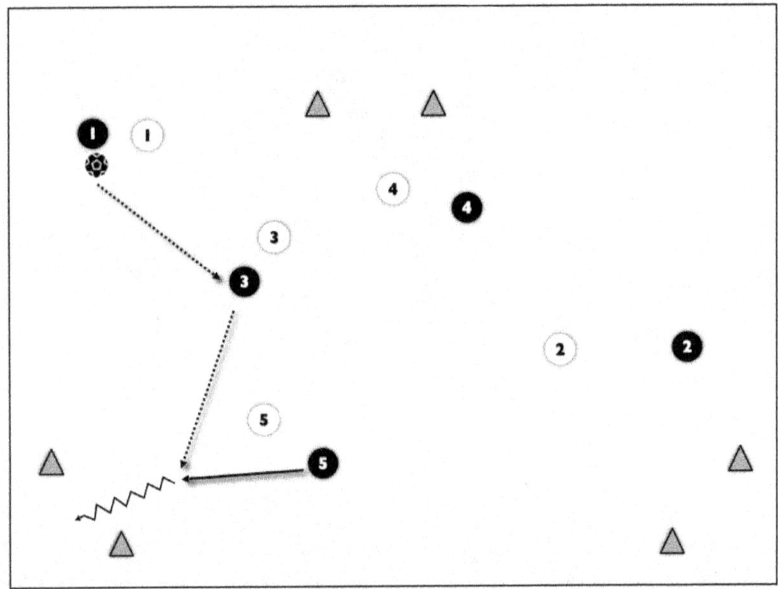

| Ejercicio N° 17 | Objetivo Principal | Mejorar la conducción de balón |  |
|---|---|---|---|
|  | Objetivos Secundarios | Mejorar el pase y el desmarque |  |
| Medios Técnico-Tácticos | pase-recepción, apoyo, conducción, manejo del balón |  |  |
| Jugadores | 6 (2 equipos de 2 jugadores +2 comodines defensivos) | Campo | 12m x 12m |
| Material | Conos y balón | Tiempo | 3 x 4' |
| Explicación |  |  |  |

Juego 2:2+2 comodines defensivos y que ayudan desde el interior del campo. El jugador en posesión del balón tiene que dar 4 toques (conducción) antes de poder pasar el balón.

| Observaciones | Cada 4' cambiar los comodines. |
|---|---|

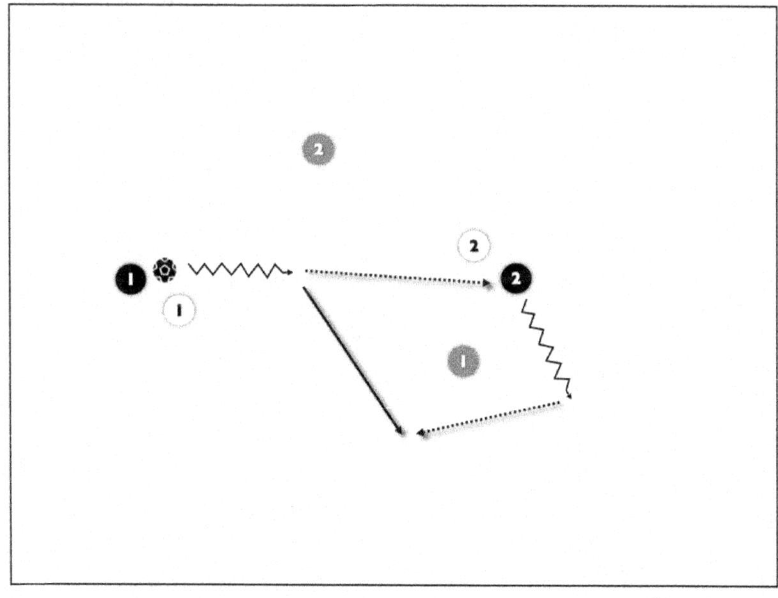

| Ejercicio N° 18 | Objetivo Principal | Mejorar la conducción de balón |
| --- | --- | --- |
| | Objetivos Secundarios | Mejorar la ocupación y creación de espacios |
| Medios Técnico-Tácticos | pase-recepción, apoyo, conducción, manejo del balón | |
| Jugadores | 10 (2 equipos de 4 jugadores + 2 comodines defensivos) | Campo | 30m x 20m |
| Material | Conos y balón | Tiempo | 5 x 2´ |
| Explicación | | | |

Juego 4:4+2 comodines defensivos y que apoyan desde el interior del campo. El jugador en posesión del balón tiene que dar 4 toques (conducción) antes de poder pasar el balón.

| Observaciones | Cada 2´ cambiar los comodines. |
| --- | --- |

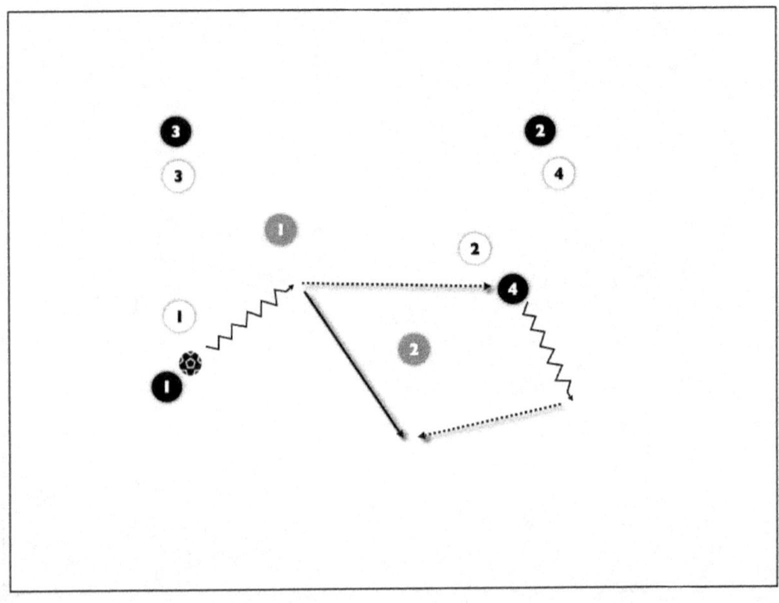

| Ejercicio N° 19 | Objetivo Principal | Mejorar el regate y la finta |
| --- | --- | --- |
| | Objetivos Secundarios | Mejorar el ataque posicional |
| Medios Técnico-Tácticos | regate, finta, conducción, manejo del balón | |
| Jugadores | 9 (3 parejas 1:1 + 3 comodines) | Campo | 25m x 15m (2 zonas marcadas de 5m x 7m) |
| Material | Conos y balones | Tiempo | 6 x 1´ |
| Explicación | | |

Juego 1:1+1 comodín (3 grupos) que va con el jugador poseedor del balón. Se sitúan en el campo 2 zonas marcadas, cada jugador ataca y defiende una de las zonas marcadas (ver gráfico). El equipo con la posesión del balón (2:1) para conseguir un punto, alguno de los jugadores tiene que regatear a su adversario y atravesar conduciendo la zona marcada defendida por éste, tras lo cual seguirían con la posesión del balón.

| Observaciones | Cada 1´ cambiar el comodín. |
| --- | --- |

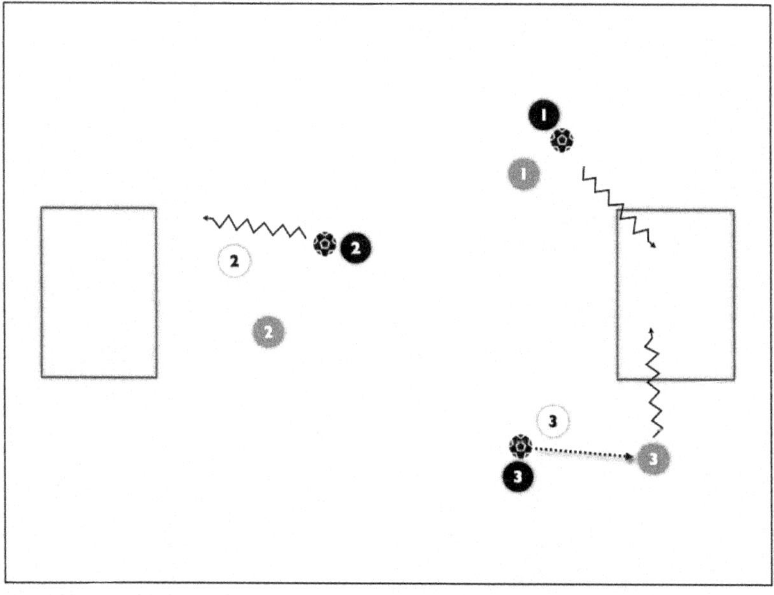

| Ejercicio Nº 20 | Objetivo Principal | Mejorar el regate y la finta |
|---|---|---|
| | Objetivos Secundarios | Mejorar el ataque posicional |
| Medios Técnico-Tácticos | regate, finta, conducción, manejo del balón | |
| Jugadores | 9 (3 parejas 1:1+3 comodines) | Campo | 20m x 15m (2 porterías de 12m) |

| Jugadores | 9 (3 parejas 1:1+3 comodines) | Campo | 20m x 15m (2 porterías de 12m) |
|---|---|---|---|
| Material | Conos y balones | Tiempo | 6 x 1´ |

**Explicación**

Juego 1:1+1 comodín (3 grupos) que va con el jugador poseedor del balón. Se sitúan en el campo 2 porterías anchas, cada jugador ataca y defiende 1 portería ancha (ver gráfico).

El equipo con la posesión del balón (2:1) logra un punto cuando alguno de los jugadores tiene que regatear a su adversario directo y atravesar conduciendo la portería ancha defendida por éste, tras lo cual seguirían con la posesión del balón

| Observaciones | Cada 1´ cambiar al comodín. |
|---|---|

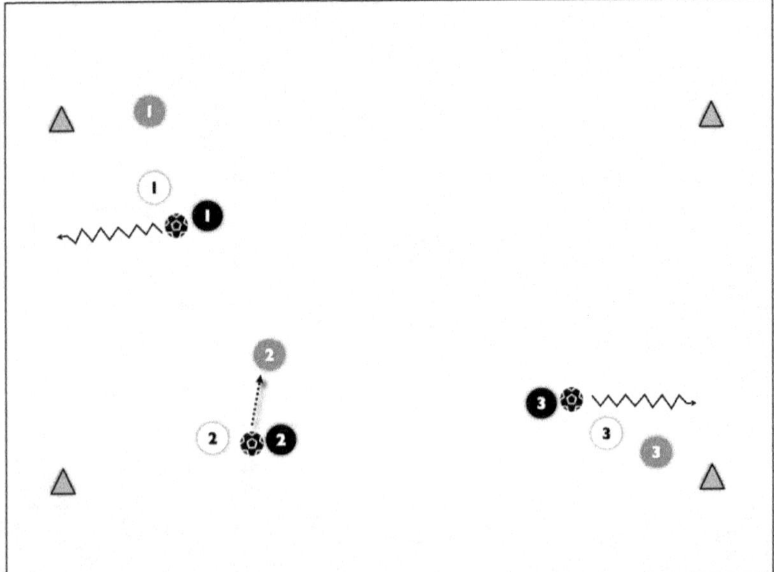

| Ejercicio N° 21 | Objetivo Principal | Mejorar el regate y la finta |
|---|---|---|
| | Objetivos Secundarios | Mejorar el ataque posicional |
| Medios Técnico-Tácticos | regate, finta, conducción, manejo del balón | |
| Jugadores | 9 (3 parejas 1:1+3 comodines) | Campo | 25m x 20m (4 cuadrados de 2m x 2m) |
| Material | Conos y balones | Tiempo | 6 x 1´ |

| Explicación |
|---|

Juego 1:1+1 comodín (3 grupos) que va con el jugador poseedor del balón. Se sitúan en el campo de juego 4 cuadrados, cada jugador ataca y defiende 2 de los cuadrados (ver gráfico). El equipo en posesión del balón (2:1) consigue un punto cuando alguno de los jugadores tiene que regatear a su adversario directo y atravesar conduciendo alguno de los cuadrados defendidos por el adversario, tras lo cual seguirían con la posesión del balón.

| Observaciones | Cada 1´ cambiar al comodín. |
|---|---|

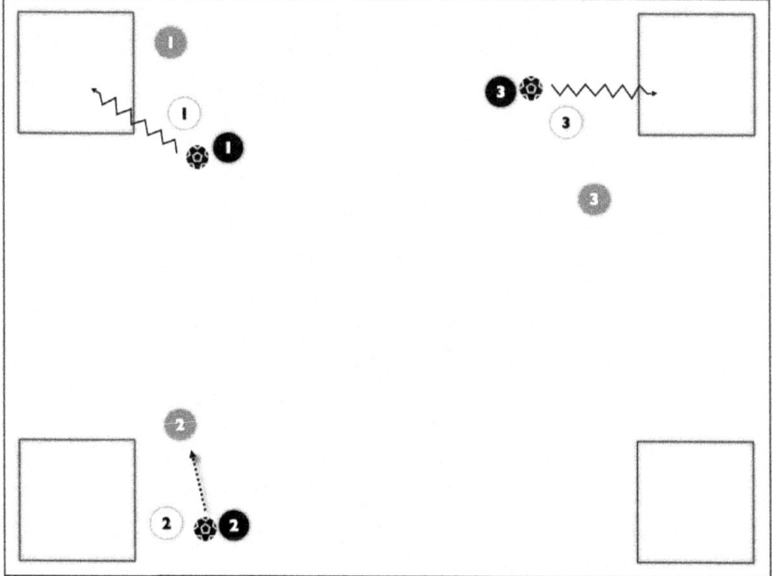

| Ejercicio Nº 22 | Objetivo Principal | Mejorar el regate y la finta |
| --- | --- | --- |
| | Objetivos Secundarios | Mejorar el desplazamiento y el demarque |
| Medios Técnico-Tácticos | regate, finta, conducción, manejo del balón | |
| Jugadores | 12 (2 equipos de 4 jugadores + 4 comodines) | Campo | 20m x 20m (divide el campo en 4 zonas 10m x 10m) |
| Material | Conos y balón | Tiempo | 3 x 2′ |

| Explicación |
| --- |

Juego 4:4+4 comodines que van con el equipo en posesión del balón. Se divide el campo en 4 zonas delimitadas, cada equipo tiene a un jugador en cada zona (ver gráfico).

El jugador en posesión del balón para conseguir un punto tiene que regatear a su adversario directo antes de poder pasar el balón a otra zona, tras lo cual se cambiaría la posesión del balón.

| Observaciones | Cada 2′ cambiar los comodines. Los jugadores no pueden salir de su zona. |
| --- | --- |

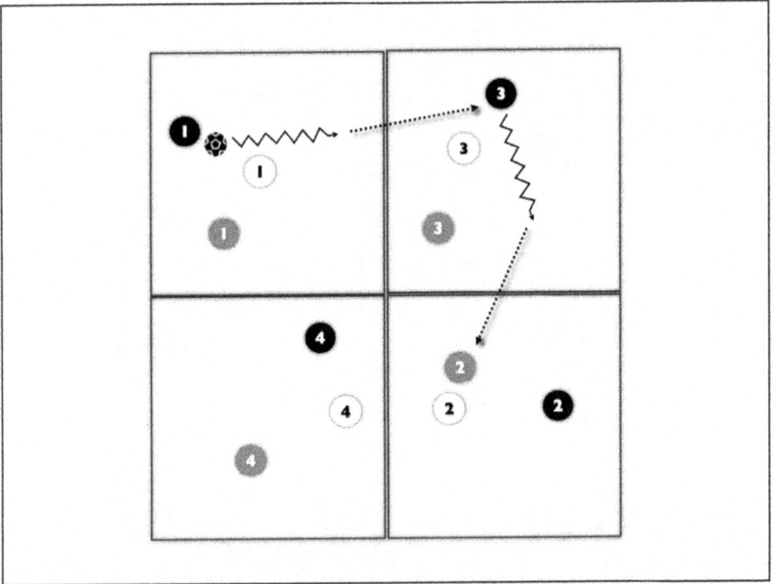

| Ejercicio N° 23 | Objetivo Principal | Mejorar el regate y la finta |
| --- | --- | --- |
| | Objetivos Secundarios | Mejorar el ataque posicional |
| Medios Técnico-Tácticos | regate, finta, conducción, manejo del balón | |
| Jugadores | 9 (3 parejas 1:1 + 3 comodines) | Campo | 25m x 20m (2 cuadrados de 3m x 3m) |
| Material | Conos y balones | Tiempo | 6 x 1´ |
| Explicación | | | |

Juego 1:1+1 comodín que va con el jugador poseedor del balón (3 grupos). Se sitúan en el campo de juego 2 zonas marcadas de 3m x 3m (ver gráfico). El equipo con la posesión del balón para lograr un punto tiene que regatear a su adversario directo y atravesar conduciendo la zona establecida defendida por el adversario, tras lo cual seguiría con la posesión del balón.

| Observaciones | Cada 1´ cambiar a los comodines. |
| --- | --- |

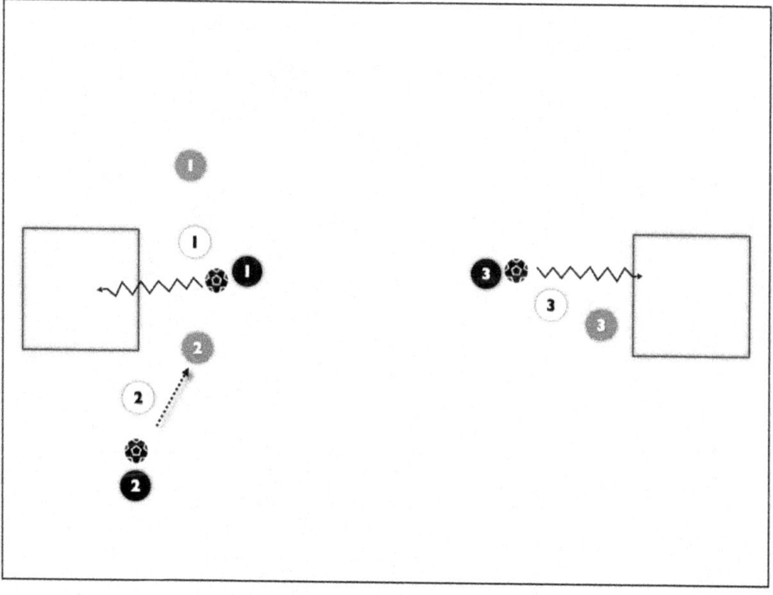

| Ejercicio N° 24 | Objetivo Principal | Mejorar el regate y la finta |
|---|---|---|
| | Objetivos Secundarios | Mejorar el desplazamiento ofensivo |
| Medios Técnico-Tácticos | regate, finta, conducción, manejo del balón | |

| Jugadores | 10 (5 parejas 1:1) | Campo | 20m x 15m (6 porterías de 2m) |
|---|---|---|---|
| Material | Conos y balones | Tiempo | 6 x 1´ |

Explicación

Juego 1:1 (5 parejas). Se sitúan 6 porterías pequeñas de 2m. Cada jugador ataca y defiende 3 porterías pequeñas (ver gráfico). El jugador con la posesión del balón para conseguir un punto tiene que regatear a su adversario directo y atravesar conduciendo cualquiera de las porterías defendidas por el adversario, tras lo cual se cambiaría la posesión del balón.

Observaciones

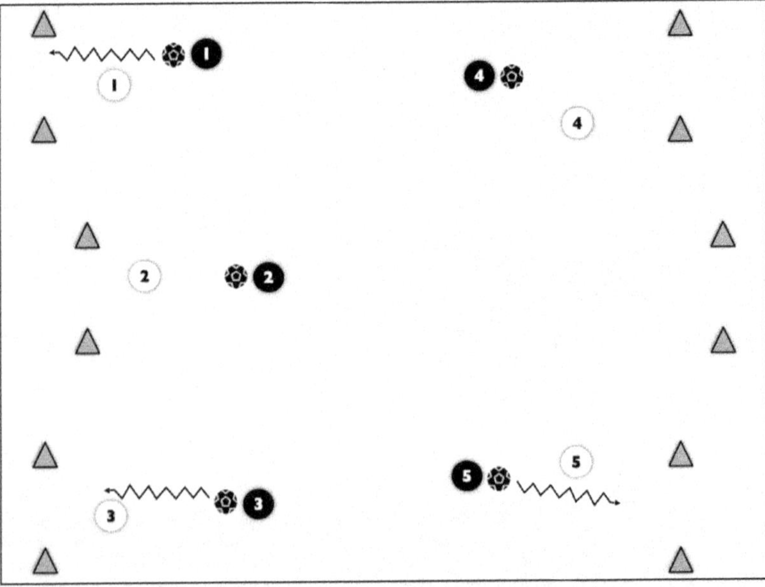

| Ejercicio N° 25 | Objetivo Principal | Mejorar el regate y la finta |
| --- | --- | --- |
| | Objetivos Secundarios | Mejorar el desplazamiento ofensivo |
| Medios Técnico-Tácticos | regate, finta, conducción, manejo del balón | |
| Jugadores | 12 (5 parejas 1:1+2 porteros) | Campo | 20m x 15m (2 porterías anchas de 12m) |
| Material | Conos y balones | Tiempo | 6 x 1' |
| Explicación | | |

Juego 1:1 (5 parejas). Se colocan en el campo 2 porterías anchas de 12m. Cada jugador ataca y defiende 1 portería ancha (ver gráfico). El jugador poseedor del balón consigue un punto si regatea a su adversario directo y atraviesa conduciendo la portería defendida por un portero, tras lo cual de cambiaría la posesión del balón.

| Observaciones | Si el portero atrapa el balón lo entregará al defensor. |
| --- | --- |

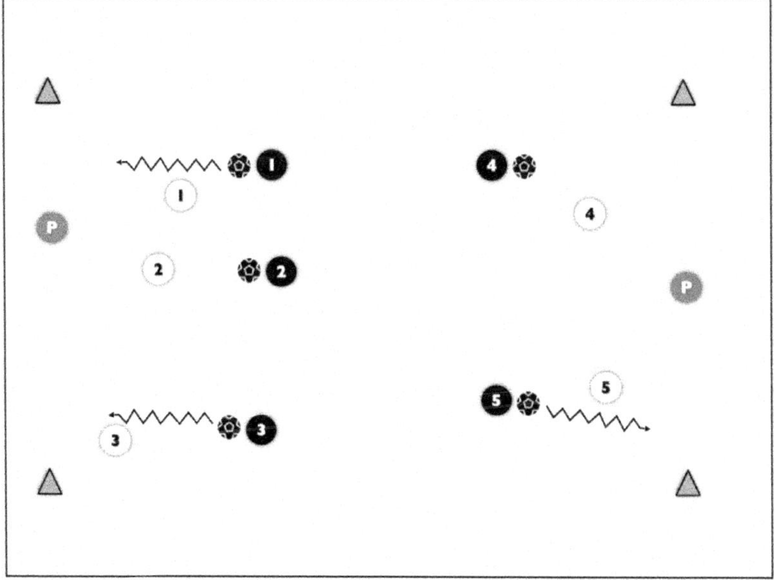

| Ejercicio Nº 26 | Objetivo Principal | Mejorar el regate y la finta |
|---|---|---|
| | Objetivos Secundarios | Mejorar el desplazamiento ofensivo |
| Medios Técnico-Tácticos | regate, finta, chute, conducción, manejo del balón | |
| Jugadores | 10 (5 parejas 1:1) | Campo | 20m x 15m (2 porterías de 3m) |
| Material | Conos y balones | Tiempo | 6 x 1´ |

| Explicación |
|---|
| Juego 1:1 (5 parejas). Se colocan en el campo 2 porterías. Cada uno de los jugadores ataca y defiende 1 portería pequeña (ver gráfico). El jugador poseedor del balón consigue un punto cuando regatea a su adversario directo y tira a la portería pequeña defendida por el adversario, tras lo cual se cambiaría con la posesión del balón. |

Observaciones

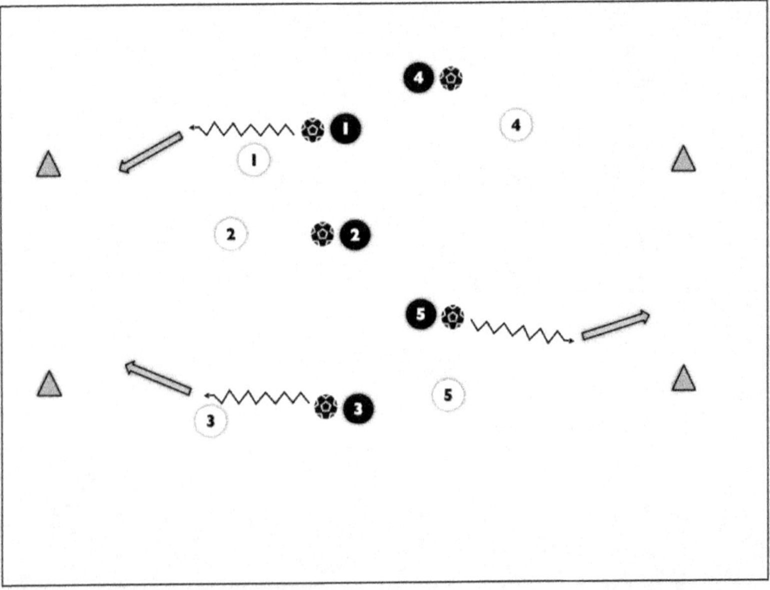

| Ejercicio Nº 27 | Objetivo Principal | Mejorar el regate y la finta |
| --- | --- | --- |
| | Objetivos Secundarios | Mejorar el desplazamiento y el desmarque |
| Medios Técnico-Tácticos | regate, finta, conducción, manejo del balón | |
| Jugadores | 8 (2 equipos de 4 jugadores) | Campo | 20m x 20m (2 cuadrados de 5m x 5m) |
| Material | Conos y balón | Tiempo | 2 x 4´ |

Explicación

Juego 4:4, se marcan en el campo dos cuadrados en los que cada equipo sitúa a un jugador (ver gráfico).

El jugador en posesión del balón consigue un punto cada vez que el jugador dentro del cuadrado controla el balón y regatea a su adversario directo antes de poder pasar el balón, tras lo cual seguirían con la posesión del balón.

Observaciones

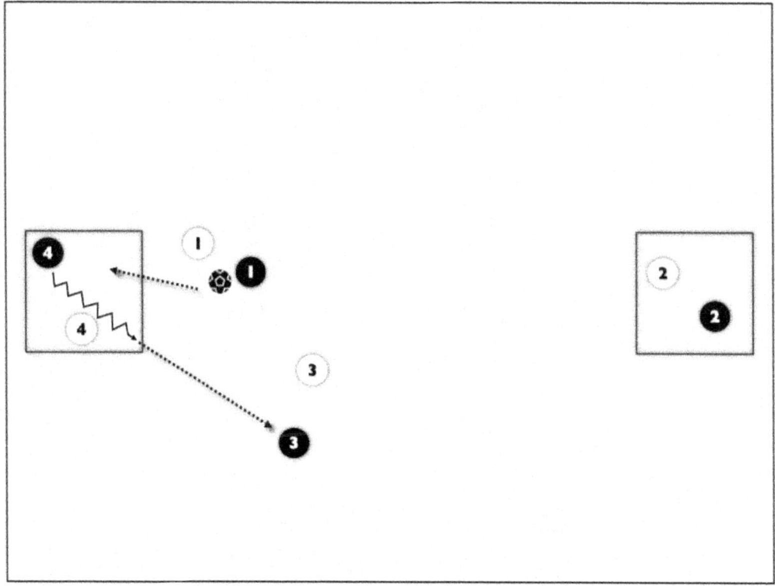

| Ejercicio Nº 28 | Objetivo Principal | Mejorar el regate y la finta |
| --- | --- | --- |
| | Objetivos Secundarios | |
| Medios Técnico-Tácticos | regate, finta, conducción, manejo del balón | |
| Jugadores | 9 (3 parejas 1:1+3 comodines defensivos) | Campo | 20m x 15m (6 porterías de 2m) |
| Material | Conos y balones | Tiempo | 6 x 1´ |
| Explicación | | |

Juego 1:1+1 comodín que va con el jugador que defiende (3 grupos). Se sitúan en el campo 6 porterías de 2m, cada jugador ataca y defiende 3 porterías pequeñas (ver gráfico). El jugador poseedor del balón para lograr 1 punto tiene que regatear a sus adversarios directos y atravesar conduciendo alguna de las porterías defendidas por los adversarios, tras lo cual se cambiaría la posesión del balón.

| Observaciones | Cada 1´ cambiar a los comodines. |
| --- | --- |

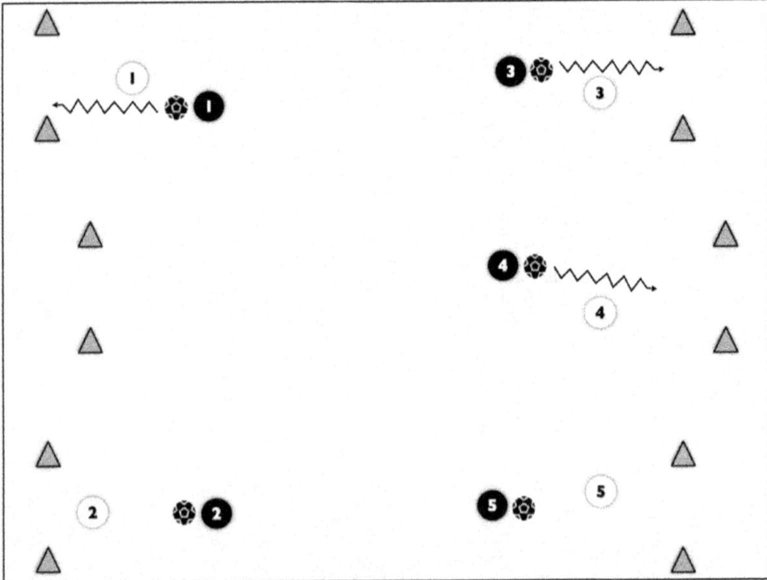

| Ejercicio N° 29 | Objetivo Principal | Mejorar el tiro a portería |
|---|---|---|
| | Objetivos Secundarios | Mejorar el desplazamiento ofensivo |
| Medios Técnico-Tácticos | chute, desmarque, pase-recepción, apoyo, desplazamiento | |
| Jugadores | 5 (2 equipos de 2 jugadores + 1 comodín) | Campo | 20m x 20m (2 porterías) |
| Material | Conos y balón | Tiempo | 6 x 1´ |

| Explicación |
|---|

Juego 2:2+1 comodín que va con el equipo con la posesión del balón. Se colocan en el campo dos porterías normales, defendidas por 2 porteros, cada jugador ataca y defiende una portería (ver gráfico). El equipo en posesión del balón tiene que tirar antes del 4° pase entre sus jugadores.

| Observaciones | Cada 1´ cambiar al comodín. |
|---|---|

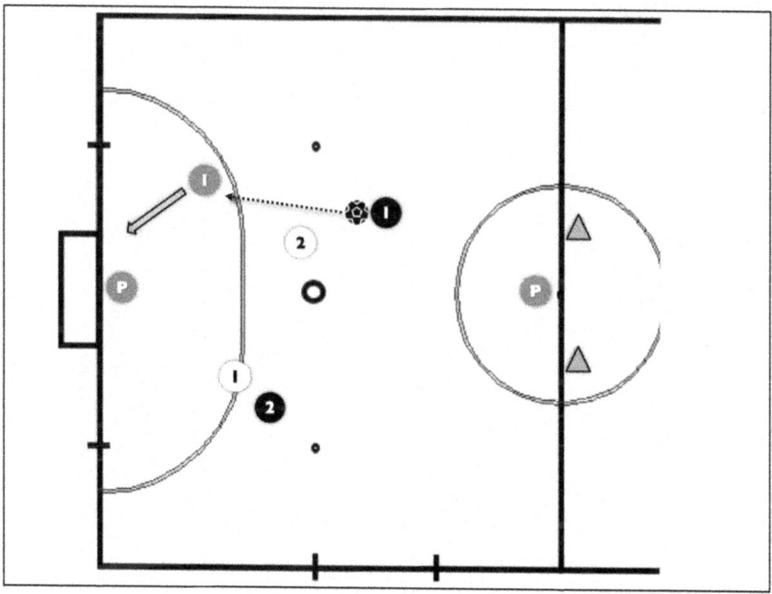

| Ejercicio N° 30 | Objetivo Principal | Mejorar el tiro a portería |
| --- | --- | --- |
| | Objetivos Secundarios | Mejorar el ataque posicional y el chute |

| Medios Técnico-Tácticos | chute, desmarque, pase-recepción, apoyo, desplazamiento | | |
| --- | --- | --- | --- |
| Jugadores | 8 (2 equipos de 2 jugadores + 4 comodines) | Campo | 20m x 20m (2 porterías) |
| Material | Conos y balón | Tiempo | 12 x 1´ |

### Explicación

Juego 2:2+4 comodines que van con el equipo en posesión del balón. Se colocan en el campo 2 porterías normales, defendidas por 2 porteros, cada jugador ataca y defiende una portería (ver gráfico). Los comodines se colocan en las cuatro esquinas del campo y apoyan desde ahí. El equipo en posesión del balón tiene que tirar antes del 4° pase entre sus jugadores.

| Observaciones | Cada 1´ cambiar a los comodines. Si el portero atrapa el balón lo devuelve al equipo contrario. |
| --- | --- |

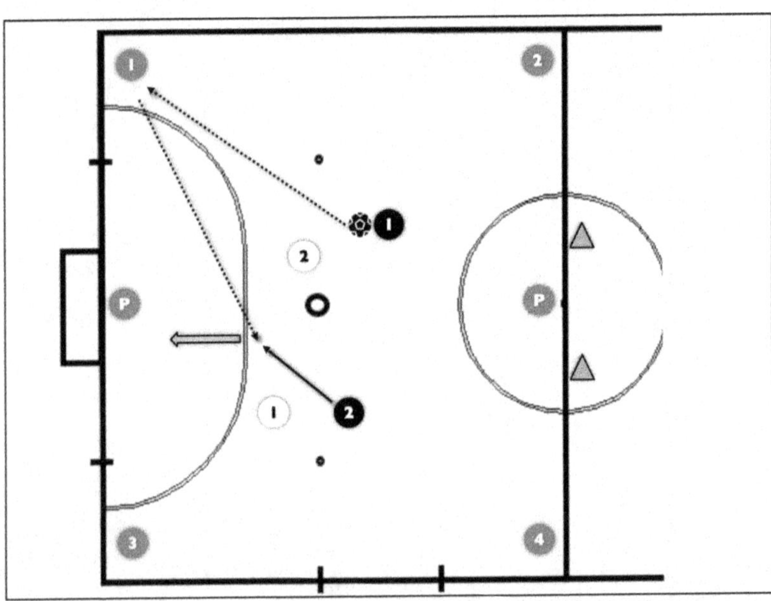

| Ejercicio N° 31 | Objetivo Principal | Mejorar el tiro a portería |
|---|---|---|
| | Objetivos Secundarios | Mejorar la finalización |
| Medios Técnico-Tácticos | chute, desmarque, pase-recepción, apoyo, desplazamiento | |
| Jugadores | 6 (2 equipos de 2 jugadores +2 comodines) | Campo | Área del portero |
| Material | Conos y balón | Tiempo | 6 x 2´ |

| Explicación |
|---|
| Juego 2:2+2 comodines que ayudan al equipo con la posesión del balón y apoyan desde el borde del área (ver gráfico). Cada equipo ataca y defiende la misma portería. El equipo en posesión del balón solo puede dar 4 pases antes de tirar. |

| Observaciones | Cada 2´ cambiar a los comodines. Si el portero atrapa el balón lo devuelve al equipo contrario. |
|---|---|

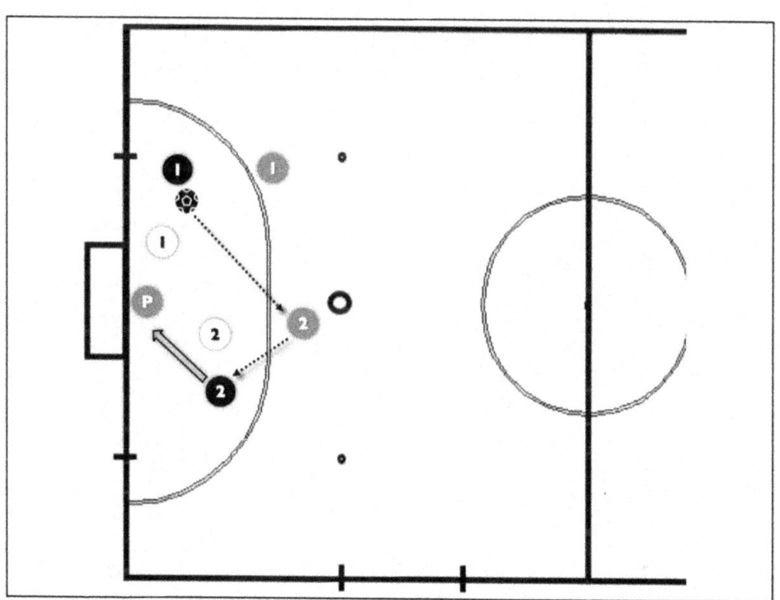

| Ejercicio N° 32 | Objetivo Principal | Mejorar el tiro a portería |
| --- | --- | --- |
| | Objetivos Secundarios | Mejorar la finalización |
| Medios Técnico-Tácticos | chute, desmarque, pase-recepción, apoyo, desplazamiento | |
| Jugadores | 8 (2 equipos de 3 jugadores +2 comodines) | Campo | 20m x 20m |
| Material | Conos y balón | Tiempo | 6 x 2´ |

Explicación

Juego 3:3+2 comodines que van con el equipo con la posesión del balón y apoyan uno por cada banda (ver gráfico). Cada equipo ataca y defiende una portería. Los atacantes deben tirar a puerta antes del 4º pase.

| Observaciones | Cada 2´ cambiar a los comodines. Si el portero atrapa el balón lo devuelve al equipo contrario. |
| --- | --- |

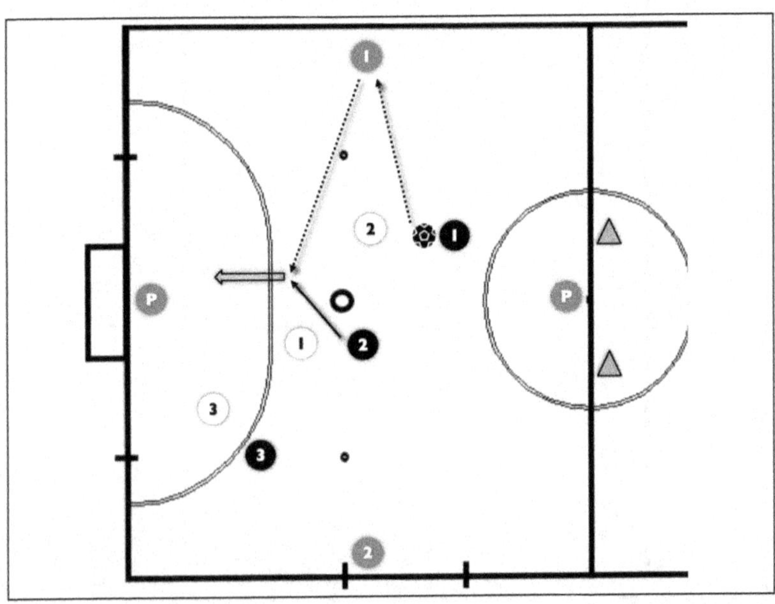

| Ejercicio Nº 33 | Objetivo Principal | Mejorar el tiro a portería |
| --- | --- | --- |
| | Objetivos Secundarios | Mejorar el ataque posicional |
| Medios Técnico-Tácticos | chute, desmarque, pase-recepción, apoyo, desplazamiento | |
| Jugadores | 8 (2 equipos de 2 jugadores +4 comodines) | Campo | 20m x 20m |
| Material | Conos y balón | Tiempo | 9 x 1´ |

### Explicación

Juego 2:2+4 comodines que van con el equipo con la posesión del balón y apoyan desde la línea de fondo (ver gráfico). Se sitúan dos porterías con dos porteros y cada equipo ataca a una de ellas. El equipo atacante tiene que tirar a puerta antes del 4º pase.

| Observaciones | Cada 2´ cambiar a los comodines. Si el portero atrapa el balón lo devuelve al equipo contrario. |
| --- | --- |

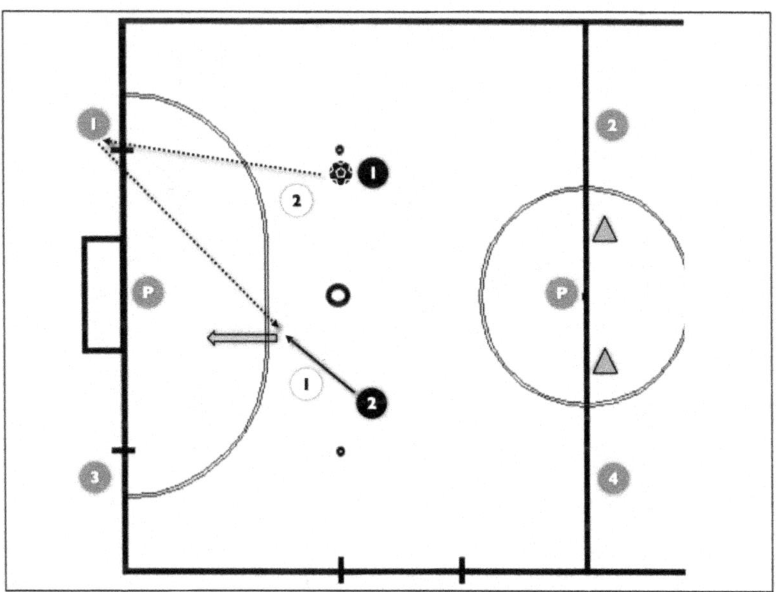

| Ejercicio Nº 34 | Objetivo Principal | Mejorar el tiro a portería |
|---|---|---|
| | Objetivos Secundarios | Mejorar el ataque posicional |

| Medios Técnico-Tácticos | chute, desmarque, pase-recepción, apoyo, desplazamiento | | |
|---|---|---|---|
| Jugadores | 10 (2 equipos de 3 jugadores +4 comodines) | Campo | 20m x 20m |
| Material | Conos y balón | Tiempo | 6 x 2´ |

**Explicación**

Juego 3:3+4 comodines que van con el equipo con la posesión del balón y apoyan desde las esquinas del campo de juego (ver gráfico). Se sitúan 2 porterías y 2 porteros y cada equipo ataca una de ellas. El equipo atacante tiene que tirar a puerta antes del 4º pase.

| Observaciones | Cada 2´ cambiar a los comodines. Si el portero atrapa el balón la devuelve al equipo contrario. |
|---|---|

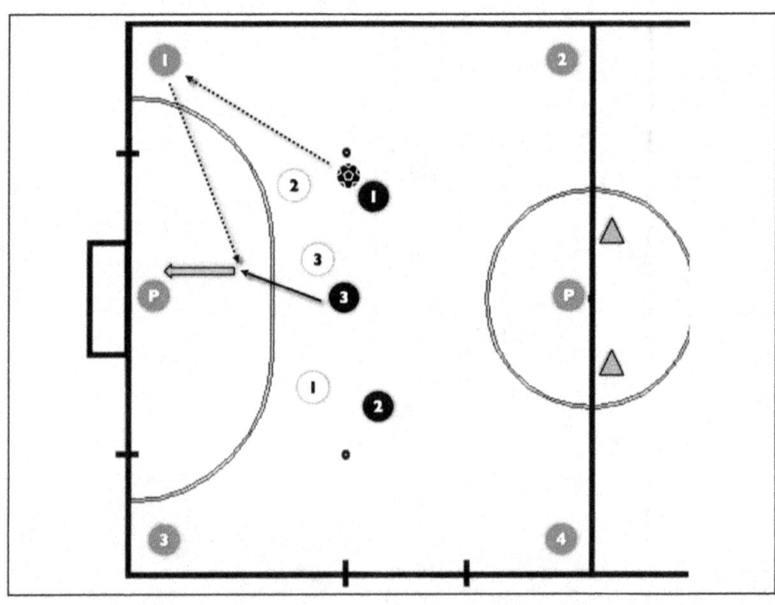

| Ejercicio Nº 35 | Objetivo Principal | Mejorar el tiro a portería |
|---|---|---|
| | Objetivos Secundarios | Mejorar la finalización |
| Medios Técnico-Tácticos | chute, desmarque, pase-recepción, apoyo, desplazamiento | |
| Jugadores | 4 (2 equipos de 2 jugadores) | Campo | 20m x 20m |
| Material | Conos y balón | Tiempo | 8 x 1′ |

| Explicación |
|---|
| Juego 2:2, se sitúan en el campo 2 porterías normales con 2 porteros y cada equipo ataca y defiende una de ellas. El equipo atacante tiene 20′ para tirar. |
| Observaciones     Si el portero atrapa el balón lo devuelve al equipo contrario. |

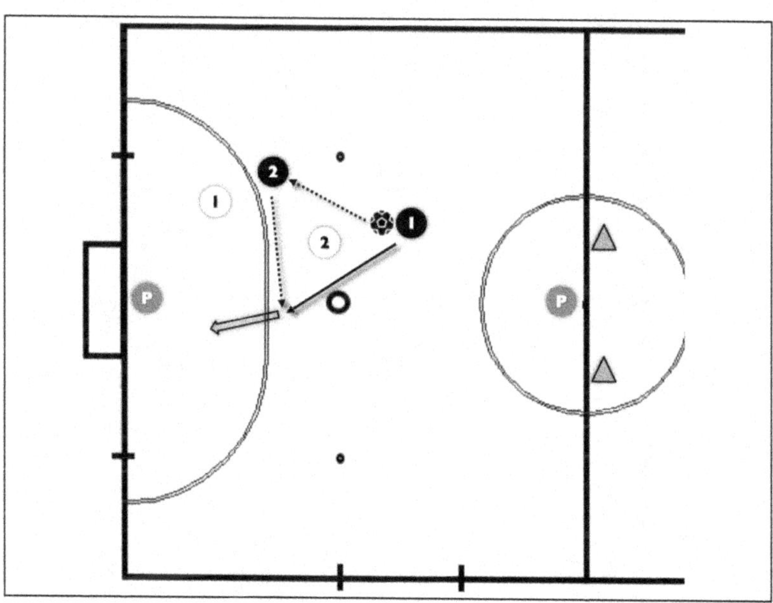

| Ejercicio N° 36 | Objetivo Principal | Mejorar el tiro a portería |
| --- | --- | --- |
| | Objetivos Secundarios | Mejorar el tiro lejano |

| Medios Técnico-Tácticos | chute, desmarque, pase-recepción, apoyo, desplazamiento | | |
| --- | --- | --- | --- |
| Jugadores | 4 (2 equipos de 2 jugadores) | Campo | 20m x 20m (zona central de 10m) |
| Material | Conos y balón | Tiempo | 8 x 1´ |

| Explicación |
| --- |

Juego 2:2 con una zona central delimitada de 10m (ver gráfico). Los jugadores no pueden salirse de esta zona y deben finalizar dentro de la zona. Se colocan 2 porterías normales y 2 porteros y cada equipo ataca y defiende una de ellas. El equipo atacante tiene 15″ para finalizar.

| Observaciones | Si el portero atrapa el balón lo devuelve al equipo contrario. |
| --- | --- |

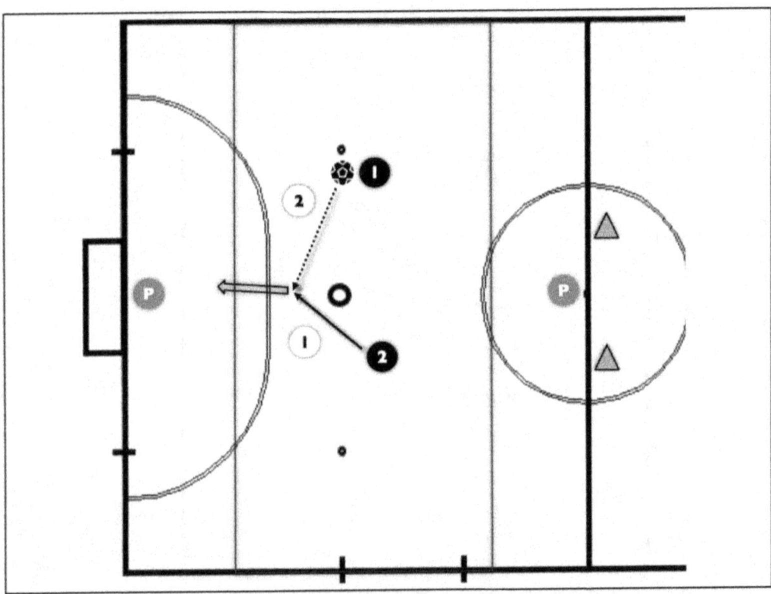

| Ejercicio N° 37 | Objetivo Principal | Mejorar el tiro a portería |
| --- | --- | --- |
| | Objetivos Secundarios | Mejorar el desplazamiento y el desmarque |
| Medios Técnico-Tácticos | chute, desmarque, pase-recepción, apoyo, desplazamiento | |
| Jugadores | 6 (2 equipos de 3 jugadores) | Campo | 20m x 20m |
| Material | Conos y balón | Tiempo | 8 x 1' |
| Explicación | | | |

Juego 3:3 se colocan en el campo 2 porterías con 2 porteros y cada equipo ataca a una de ellas (ver gráfico). El equipo atacante tiene que tirar a puerta antes del 4° pase.

| Observaciones | Si el portero atrapa el balón lo devuelve al equipo contrario. |
| --- | --- |

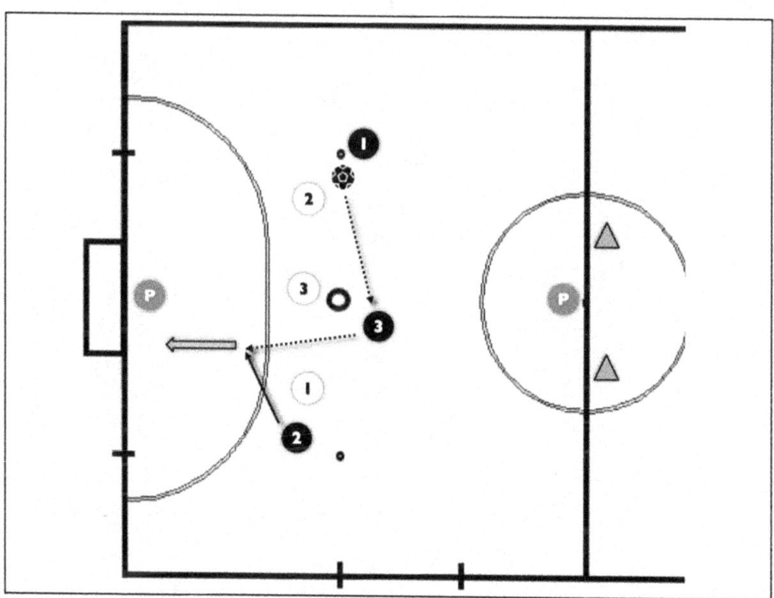

| Ejercicio N° 38 | Objetivo Principal | Mejorar el tiro a portería |
|---|---|---|
| | Objetivos Secundarios | Mejorar el tiro lejano |
| Medios Técnico-Tácticos | chute, desmarque, pase-recepción, apoyo, desplazamiento | |
| Jugadores | 6 (2 equipos de 3 jugadores) | Campo: 40m x 20m (zona central de 20m) |
| Material | Conos y balón | Tiempo: 4 x 2´ |
| Explicación | | |

Juego 3:3, se delimita una zona central marcada de 20 m (ver gráfico) y no se permite el juego fuera de ésta por lo que se debe finalizar desde dentro. Se colocan 2 porterías y 2 porteros y cada equipo ataca a una de éstas. El equipo atacante tiene que tirar a puerta antes del 4° pase.

| Observaciones | Si el portero atrapa el balón lo devuelve al equipo contrario. |
|---|---|

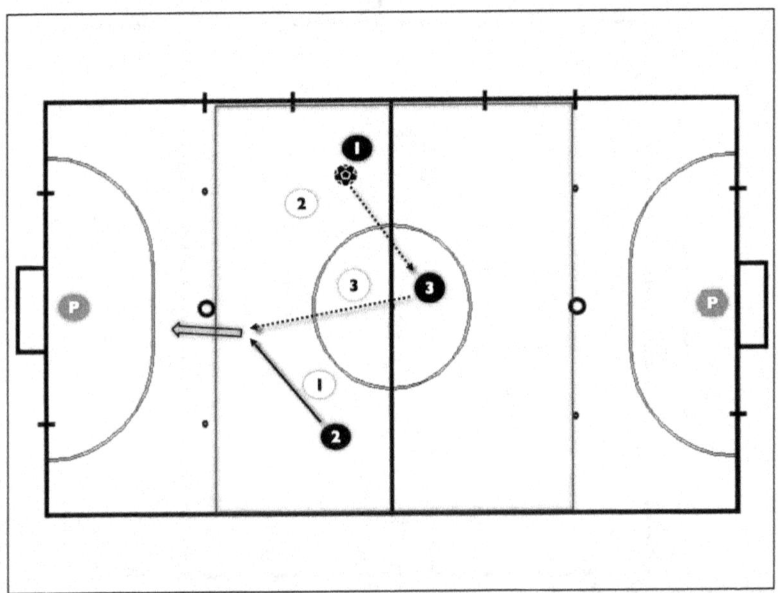

| Ejercicio Nº 39 | Objetivo Principal | Mejorar el tiro a portería |
|---|---|---|
| | Objetivos Secundarios | Mejorar el tiro lejano |
| Medios Técnico-Tácticos | chute, desmarque, pase-recepción, apoyo, desplazamiento | |
| Jugadores | 8 (2 equipos de 4 jugadores) | Campo | 40m x 20m (zona central de 20m) |
| Material | Conos y balón | Tiempo | 4 x 2' |

**Explicación**

Juego 4:4, se delimita una zona central marcada de 20 m (ver gráfico) y no se permite el juego fuera de ésta por lo que se debe finalizar desde dentro. Se colocan 2 porterías y 2 porteros y cada equipo ataca a una de éstas. El equipo atacante tiene que tirar a puerta antes del 4° pase.

**Observaciones**: Si el portero atrapa el balón lo devuelve al equipo contrario.

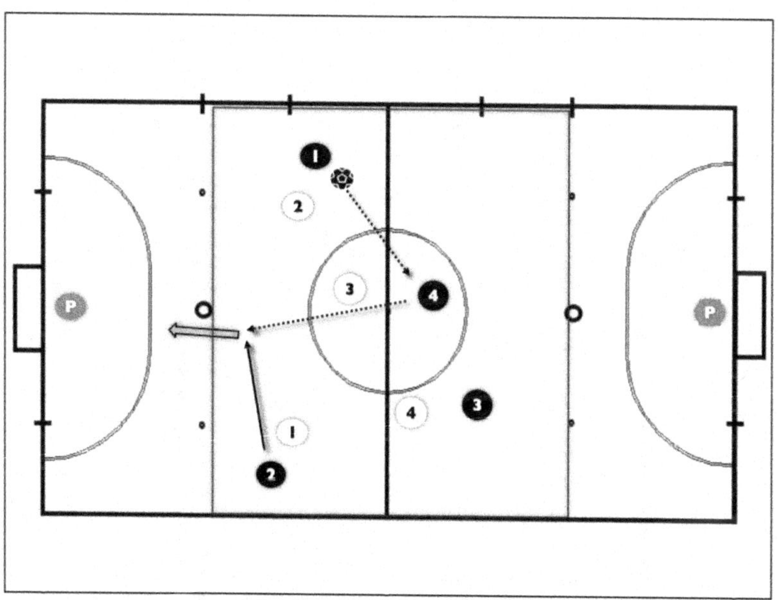

| Ejercicio N° 40 | Objetivo Principal | Mejorar el tiro a portería |
| --- | --- | --- |
| | Objetivos Secundarios | Mejorar el desmarque y la pared |
| Medios Técnico-Tácticos | chute, desmarque, pase-recepción, apoyo, desplazamiento | |
| Jugadores | 5 (2 equipos de 2 jugadores + 1 comodín defensivo) | Campo | 20m x 20m |
| Material | Conos y balón | Tiempo | 9 x 1′ |
| Explicación | | |

Juego 2:2+1 comodín defensivo. Se sitúan 2 porterías en el campo de juego y 2 porteros y cada equipo ataca a una de ellas. El equipo atacante tiene 20″ para finalizar la jugada con un tiro a puerta.

| Observaciones | Cada 1′ cambiar a los comodines. Si al portero atrapa el balón lo devuelve al equipo contrario. |
| --- | --- |

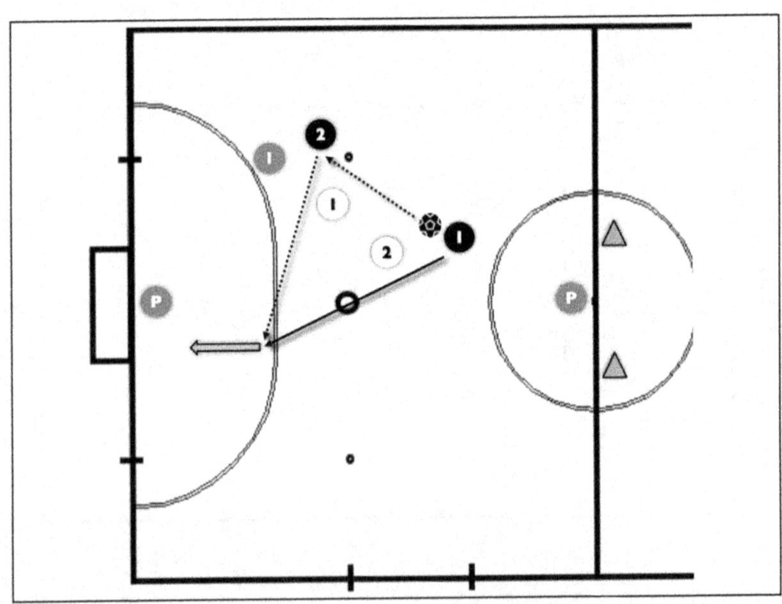

| Ejercicio N° 41 | Objetivo Principal | Mejorar el tiro a portería |
|---|---|---|
| | Objetivos Secundarios | Mejorar la conducción |
| Medios Técnico-Tácticos | chute, manejo del balón, desplazamiento | |
| Jugadores | 3 (1 contra 1 +1 comodín defensivo) | Campo | 20m x 20m |
| Material | Conos y balón | Tiempo | 9 x 1′ |

| Explicación |
|---|
| Juego 1:1+1 comodín defensivo. Se coloca en el campo una portería abierta, se puede marcar por los dos lados con un portero neutral. El jugador atacante tiene que tirar a puerta antes de que pasen 15″. |

| Observaciones | Cada 1′ cambiar a los comodines. Si el portero atrapa el balón lo devuelve al equipo contrario. |
|---|---|

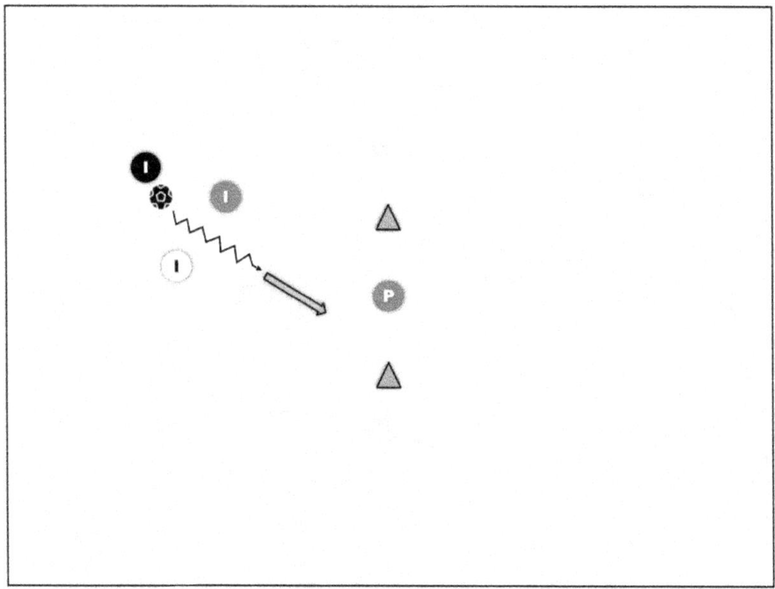

| Ejercicio N° 42 | Objetivo Principal | Mejorar el toque de cabeza |
|---|---|---|
| | Objetivos Secundarios | Mejorar el pase y el control |
| Medios Técnico-Tácticos | pase-recepción, apoyo, manejo del balón | |

| Jugadores | 5 (4 atacantes y 1 defensor) | Campo | 8m x 8m |
|---|---|---|---|
| Material | Conos y balón | Tiempo | 8´ |

| Explicación |
|---|

Juego 4:1, los 4 atacantes se colocan en los bordes del cuadrado y se pueden desplazar por estos bordes. El defensor se coloca en el centro e intenta recuperar el balón. Los atacantes solo pueden pasar el balón con la cabeza y si fallan se cambian con el defensor.

| Observaciones | |
|---|---|

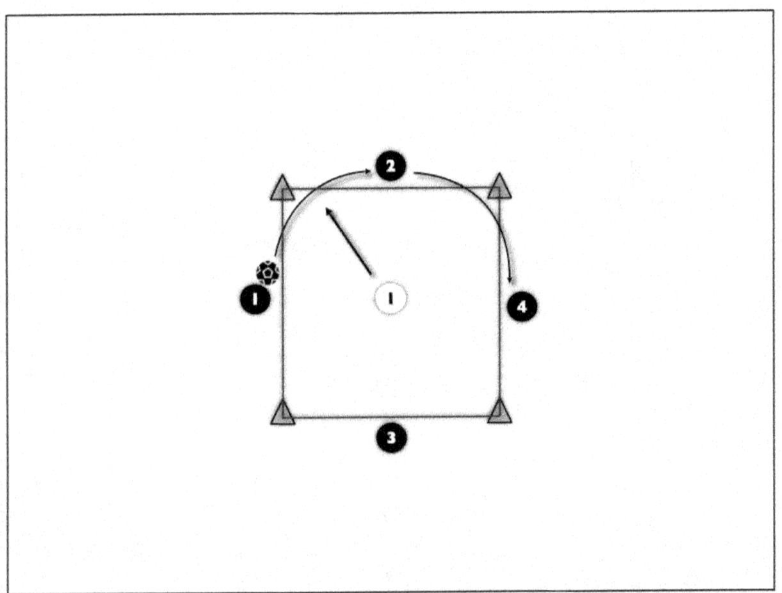

| Ejercicio N° 43 | Objetivo Principal | Mejorar el toque de cabeza |
|---|---|---|
| | Objetivos Secundarios | Mejorar el control aéreo |
| Medios Técnico-Tácticos | desmarque, chute, pase-recepción, apoyo, | |
| Jugadores | 10 (2 equipos de 4 jugadores + 2 comodines) | Campo — 20m x 20m |
| Material | Conos y balón | Tiempo — 5 x 2´ |

**Explicación**

Juego 4:4+2 comodines que apoyan al equipo atacante. Cada equipo ataca y defiende una de las porterías. Los jugadores atacantes solo pueden pasar o tirar con la cabeza y si el balón cae al suelo se cambia la posesión.

| Observaciones | Cada 2´ cambiar a los comodines. Si el portero atrapa el balón lo devuelve al equipo contrario. |
|---|---|

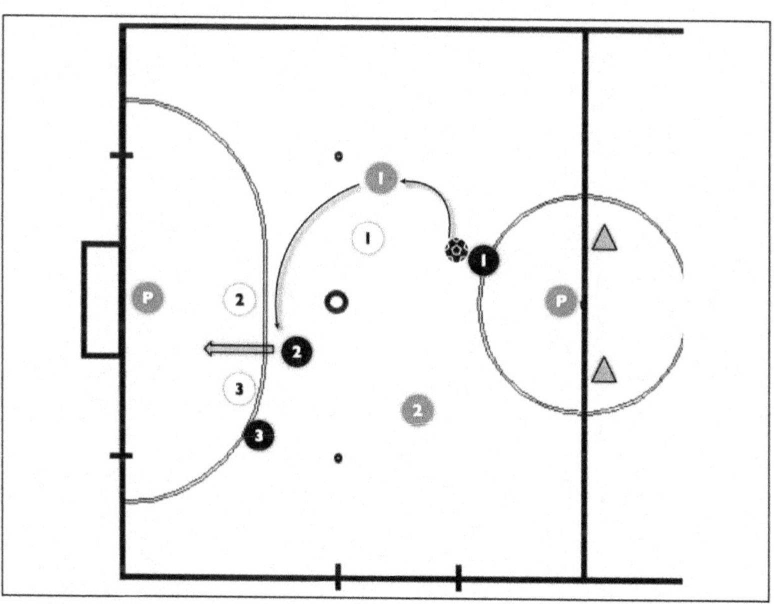

| Ejercicio N° 44 | Objetivo Principal | Mejorar el toque de cabeza |
| --- | --- | --- |
| | Objetivos Secundarios | Mejorar el control y el pase aéreo |
| Medios Técnico-Tácticos | desmarque, chute, pase-recepción, apoyo, | |
| Jugadores | 8 (2 equipos de 4 jugadores) | Campo |
| Material | Conos y balón | Tiempo |

| Jugadores | 8 (2 equipos de 4 jugadores) | Campo | 20m x 20m (2 porterías) |
| --- | --- | --- | --- |
| Material | Conos y balón | Tiempo | 8´ |

**Explicación**

Juego 4:4, cada equipo ataca y defiende las dos porterías puestas de al revés con 2 porteros. El equipo atacante solo puede pasar y finalizar mediante el juego de cabeza. Si el balón cae al suelo o lo atrapa el portero se cambia la posesión.

Observaciones

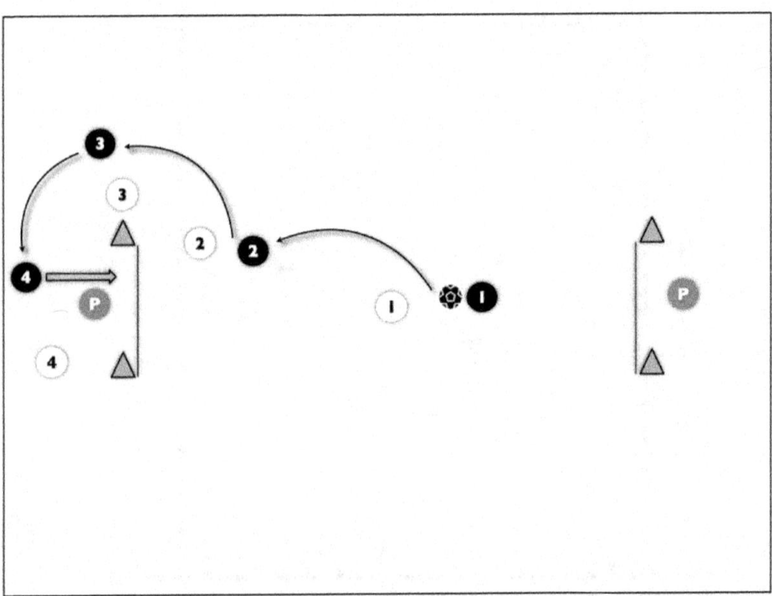

| Ejercicio N° 45 | Objetivo Principal | Mejorar el toque de cabeza |
|---|---|---|
| | Objetivos Secundarios | Mejorar los centros desde banda |
| Medios Técnico-Tácticos | desmarque, chute, pase-recepción, apoyo, | |
| Jugadores | 8 (2 equipos de 4 jugadores) | Campo | 40m x 20m |
| Material | Conos y balón | Tiempo | 5 x 4´ |
| Explicación | | |

Juego 5:5, cada equipo ataca y defiende una portería con su portero. Cada equipo coloca a 1 jugador en cada una de las bandas (ver gráfico). Solo se acepta el gol cuando proviene de un centro y se marca con la cabeza.

Observaciones

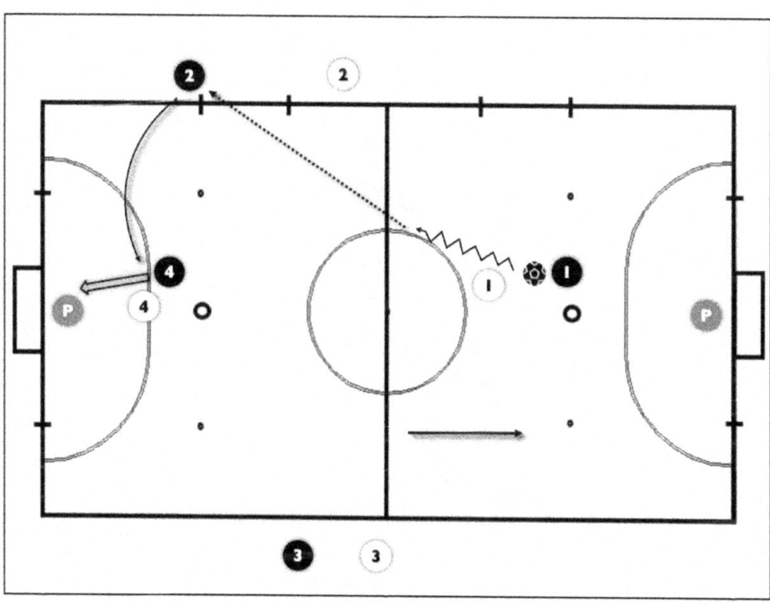

| Ejercicio  N° 46 | Objetivo Principal | Mejorar el pase |
|---|---|---|
| | Objetivos Secundarios | Mejorar los apoyos y líneas de pase |
| Medios Técnico-Tácticos | pase-recepción, apoyo, manejo del balón | |
| Jugadores | 4 (3 atacantes y 1 defensor) | Campo | Triángulo de 6m |
| Material | Conos y balón | Tiempo | 8´ |

| Explicación |
|---|
| Juego 3:1 con los tres atacantes situados en los extremos del triángulo y un defensor por el interior que intenta recuperar el balón. |

| Observaciones | Se juega a 1 toque obligatoriamente. |
|---|---|

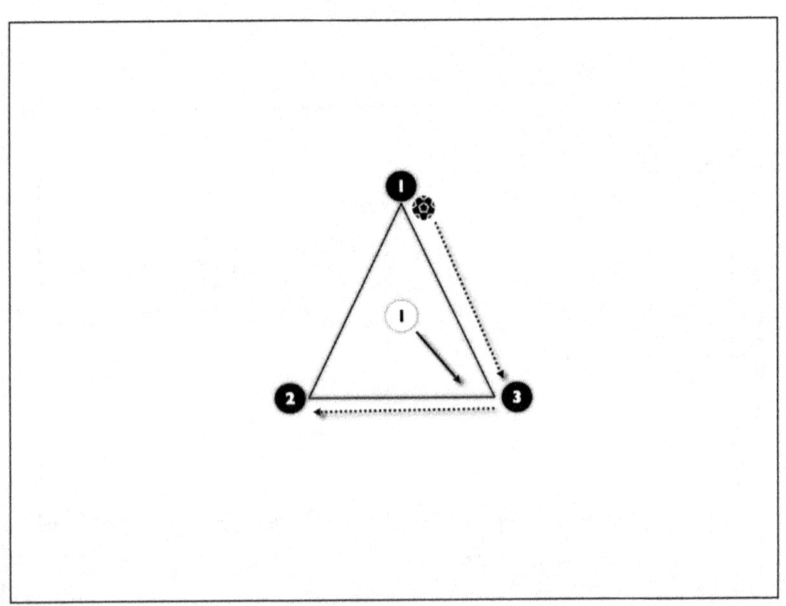

| Ejercicio Nº 47 | Objetivo Principal | Mejorar el pase |
|---|---|---|
| | Objetivos Secundarios | Mejorar el desmarque y la pared |
| Medios Técnico-Tácticos | desmarque, pase-recepción, apoyo, desplazamiento | |
| Jugadores | 4 (1:1 +2 comodines) | Campo | 8m x 8m |
| Material | Conos y balón | Tiempo | 8 x 1´ |

| Explicación |
|---|
| Juego 1:1+2 comodines que apoyan al jugador con la posesión del balón y se sitúan en las esquinas del cuadrado. |

| Observaciones | Cada 1´ cambiar a los comodines. Se juega a 1 toque obligatoriamente. |
|---|---|

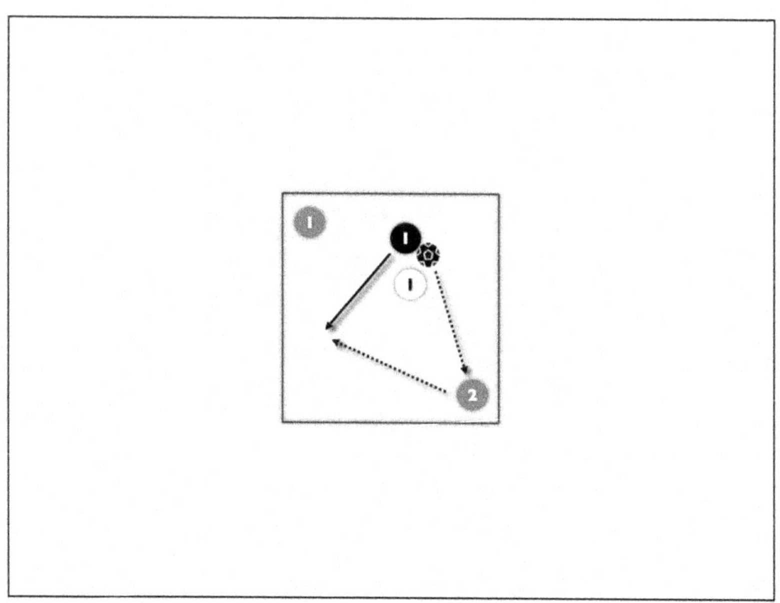

| Ejercicio Nº 48 | Objetivo Principal | Mejorar el pase |
|---|---|---|
| | Objetivos Secundarios | Mejorar el desmarque |

| Medios Técnico-Tácticos | desmarque, pase-recepción, apoyo, desplazamiento | | |
|---|---|---|---|
| Jugadores | 8 (2 equipos de 2 jugadores +4 comodines) | Campo | 15m x 15m |
| Material | Conos y balón | Tiempo | 4 x 2′ |

| Explicación |
|---|
| Juego 2:2+4 comodines que apoyan al equipo en posesión del balón y están situados en los bordes del campo de juego. |

| Observaciones | Cada 2′ cambiar a los comodines. Se juega a 1 toque obligatoriamente. |
|---|---|

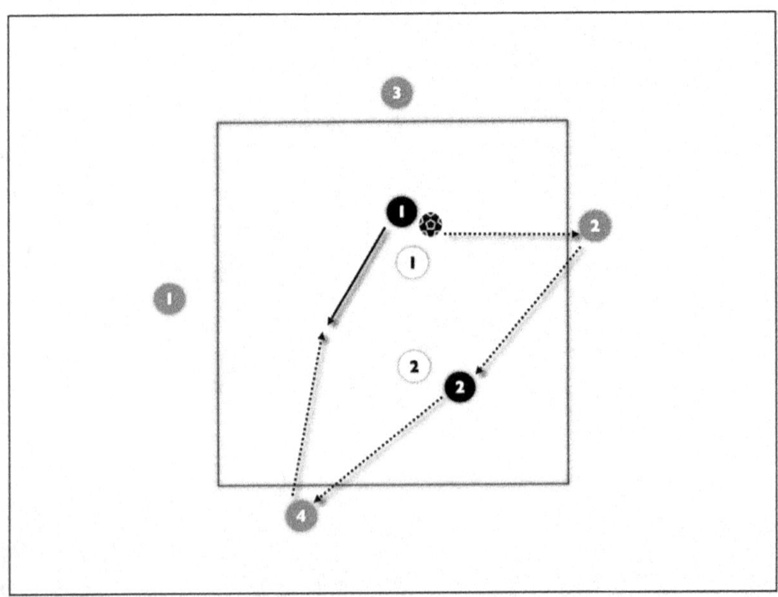

| Ejercicio N° 49 | Objetivo Principal | Mejorar el pase |
|---|---|---|
| | Objetivos Secundarios | Mejorar los apoyos y líneas de pase |
| Medios Técnico-Tácticos | desmarque, pase-recepción, apoyo, desplazamiento | |
| Jugadores | 9 (2 equipos de 3 jugadores +3 comodines) | Campo · 20m x 20m |
| Material | Conos y balón | Tiempo · 3 x 3´ |
| Explicación | | |

Juego 3:3+3 comodines que apoyan al equipo con la posesión del balón. El campo de juego se divide en tres partes iguales (ver gráfico) y se coloca 1 jugador de cada equipo en cada parte junta a un comodín.

| Observaciones | Cada 3´ cambiar a los comodines. Se juega a 1 toque. |
|---|---|

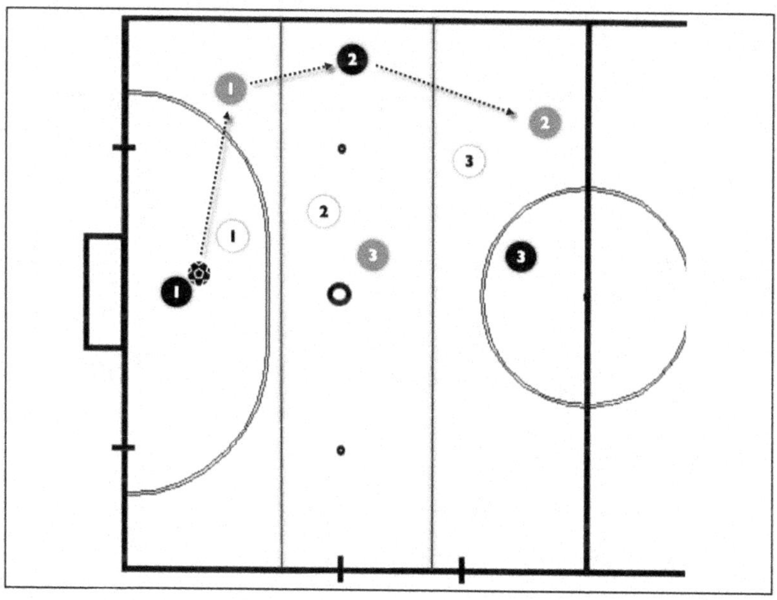

| Ejercicio N° 50 | Objetivo Principal | Mejorar el pase |
|---|---|---|
| | Objetivos Secundarios | Mejorar los cambios de juego |
| Medios Técnico-Tácticos | desmarque, pase-recepción, apoyo, desplazamiento | |
| Jugadores | 10 (2 equipos de 4 jugadores + 2 comodines) | Campo | 40m x 20m (zona central 10m) |
| Material | Conos y balón | Tiempo | 3 x 3′ |

| Explicación |
|---|
| Juego 4:4+2 comodines que apoyan al equipo con la posesión del balón. Se divide el campo de juego en 2 zonas permitidas y otra prohibida (zona central de 10m). Cada equipo coloca la mitad de sus jugadores en cada zona más un comodín. |

| Observaciones | Cada 3′ cambiar los comodines. El equipo atacante puede dar máximo 4 pases antes de cambiar el balón de zona. |
|---|---|

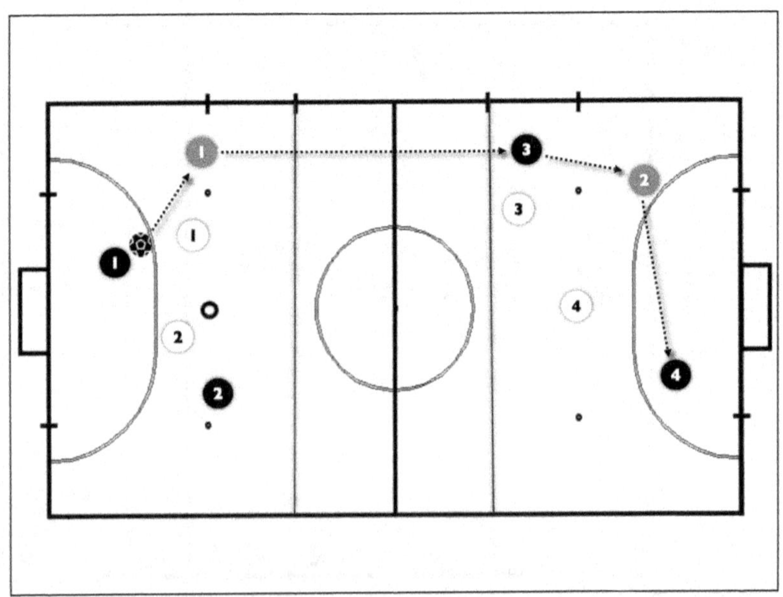

| Ejercicio Nº 51 | Objetivo Principal | Posesión de balón |
|---|---|---|
| | Objetivos Secundarios | Mejorar objetivos técnico-tácticos para mantener posesión de balón |
| Medios Técnico-Tácticos | Pase, ocupación de espacios y control de balón. | |
| Jugadores | 8(4:4) | Campo | 15 m x 15 m |
| Material | Conos, balones y petos | Tiempo | 4 x 2' |

### Explicación

Juegan 4:4, dos de los jugadores de cada cuarteto, se sitúa en dos cuadrados. Cada cuarteto trata de dar 10 pases consecutivos, para sumar 1 punto. Se cambian lo jugadores de los cuadrados cada 2'.

| Observaciones | Suman 1 punto cada 10 pases consecutivos. Cambian de roles cada 2'. |
|---|---|

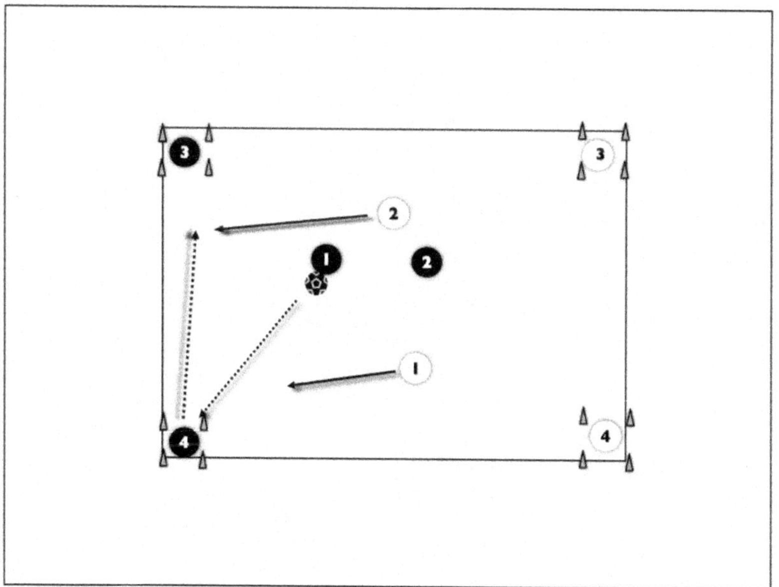

| Ejercicio Nº 52 | Objetivo Principal | Posesión de balón |
| --- | --- | --- |
| | Objetivos Secundarios | Mejorar objetivos técnico-tácticos para mantener posesión de balón |
| Medios Técnico-Tácticos | Pase, ocupación de espacios y control de balón. | |
| Jugadores | 8(4:4) | Campo | 12 m x 12 m |
| Material | Conos, balones y petos | Tiempo | 4 x 2′ |

| Explicación |
| --- |
| Juegan 4:4, dos de cada pareja juegan por dentro y los otros dos por fuera. Tienen que mantener la posesión para ir sumando puntos, apoyándose con los jugadores de fuera que son de su equipo. |

| Observaciones | Se cambian los roles cada 2′, se consigue un punto cada 10 pases consecutivos. |
| --- | --- |

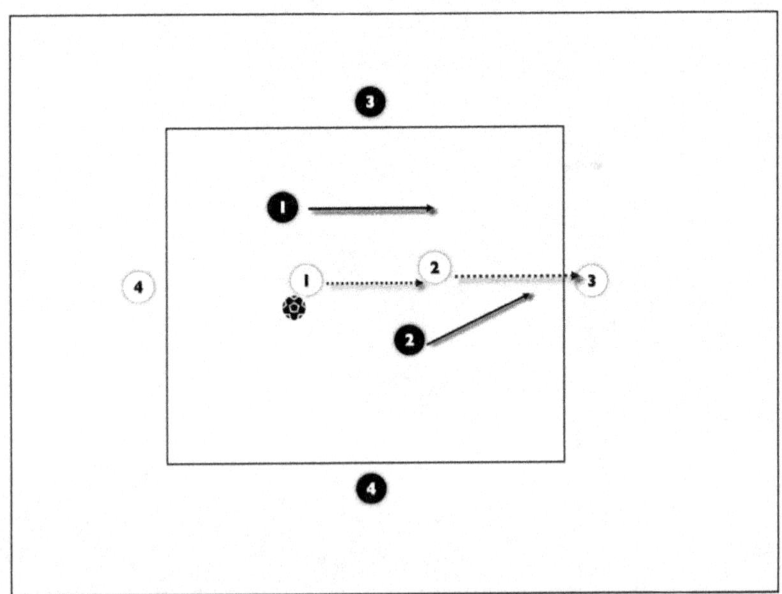

| Ejercicio N° 53 | Objetivo Principal | Posesión de balón y finalizaciones |
|---|---|---|
| | Objetivos Secundarios | Mejorar objetivos técnico-tácticos para mantener posesión de balón y finalizaciones |

| Medios Técnico-Tácticos | Pase, ocupación de espacios, control de balón, golpeo de balón, regates, fintas, entradas | | |
|---|---|---|---|
| Jugadores | 10(5:5) | Campo | 50 m x 30 m |
| Material | Conos, balones, petos y porterías | Tiempo | 10' |

**Explicación**

Juegan 6:6, con porterías y portero. Tienen que dar 8 pases consecutivos y finalizar para anotar gol.

| Observaciones | No valdrá el gol si no se han dado el número de pases previos necesarios. |
|---|---|

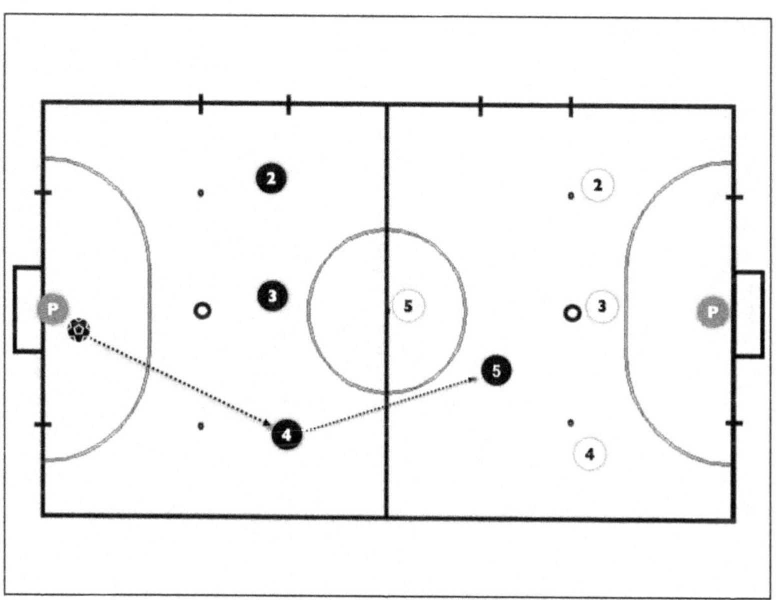

| Ejercicio Nº 54 | Objetivo Principal | Posesión de balón y finalizaciones |
| --- | --- | --- |
| | Objetivos Secundarios | Mejorar objetivos técnico-tácticos para mantener posesión de balón y las finalizaciones |
| Medios Técnico-Tácticos | | Pase, ocupación de espacios, control de balón, regates, golpeo. |
| Jugadores | 12(5:5+2) | Campo | 50m x 35 m |
| Material | Conos, balones y petos | Tiempo | 10´ |

| Explicación |
| --- |
| Juegan 6.6+2, el equipo defensivo cuenta con dos comodines defensivos para hacer superioridad defensiva. |

| Observaciones | Se tienen que dar mínimo 8 pases consecutivos para poder anotar gol. |
| --- | --- |

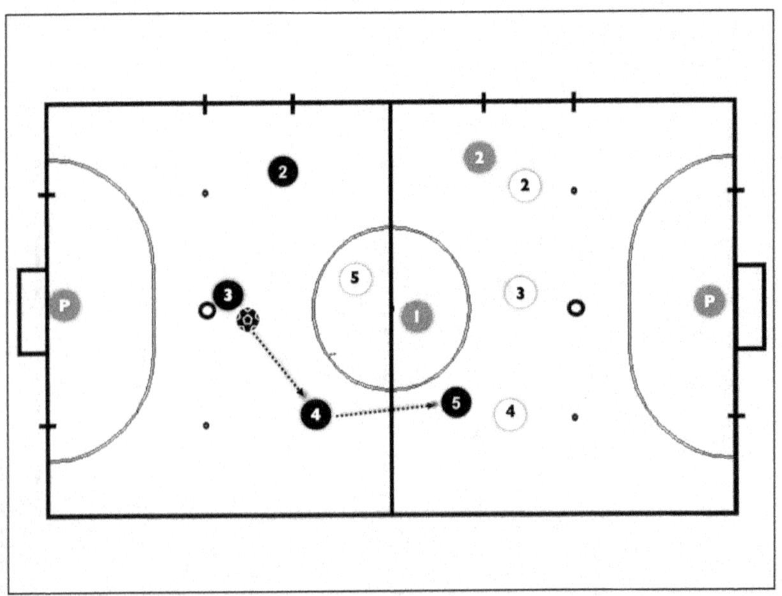

| Ejercicio N° 55 | Objetivo Principal | Posesión de balón |
| --- | --- | --- |
| | Objetivos Secundarios | Mejorar objetivos técnico-tácticos para mantener posesión de balón. |
| Medios Técnico-Tácticos | Pase, ocupación de espacios, control de balón. | |
| Jugadores | 12(5:5+2) | Campo | 20m x 20m |
| Material | Conos, balones y petos | Tiempo | 10' |

**Explicación**

Juegan 5:5+2, el equipo defensivo cuenta con dos comodines defensivos para hacer superioridad defensiva. En el campo tenemos 5 triángulos y para anotar puntos el equipo en posesión deberá recibir un pase dentro de uno de los triángulos.

| Observaciones | Se tienen que dar mínimo 8 pases consecutivos para poder anotar gol. |
| --- | --- |

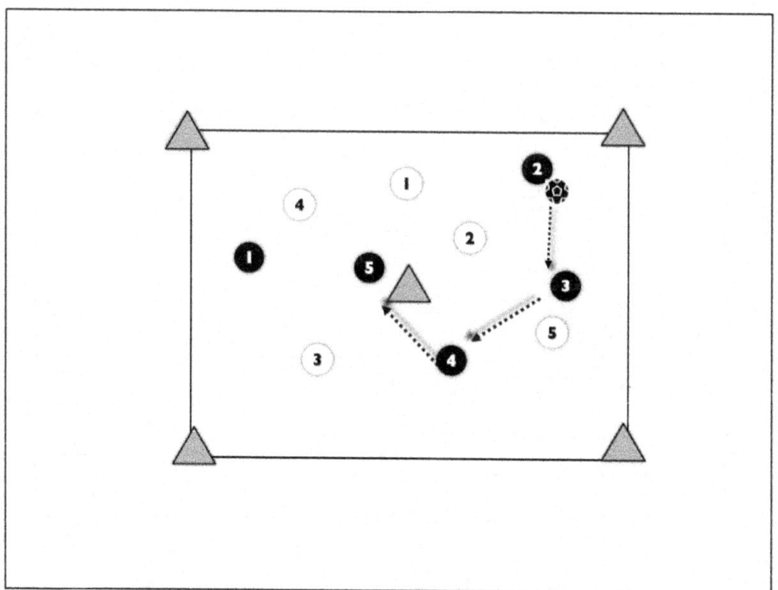

| Ejercicio N° 56 | Objetivo Principal | Posesión de balón y finalizaciones |
|---|---|---|
| | Objetivos Secundarios | Mejorar objetivos técnico-tácticos para mantener posesión de balón y finalizar contra un rival que se encuentra replegado. |

| Medios Técnico-Tácticos | Pase, ocupación de espacios, control de balón. | | |
|---|---|---|---|
| Jugadores | 5 x 5 | Campo | 40m x 20m |
| Material | Conos, balones y petos | Tiempo | 4 x 10′ |

**Explicación**

Juegan 5x5, tienen que dar 10 pases consecutivos el equipo que tiene la posesión del balón para poder anotar gol.

Observaciones — Se tienen que dar mínimo 10 pases consecutivos para poder anotar gol.

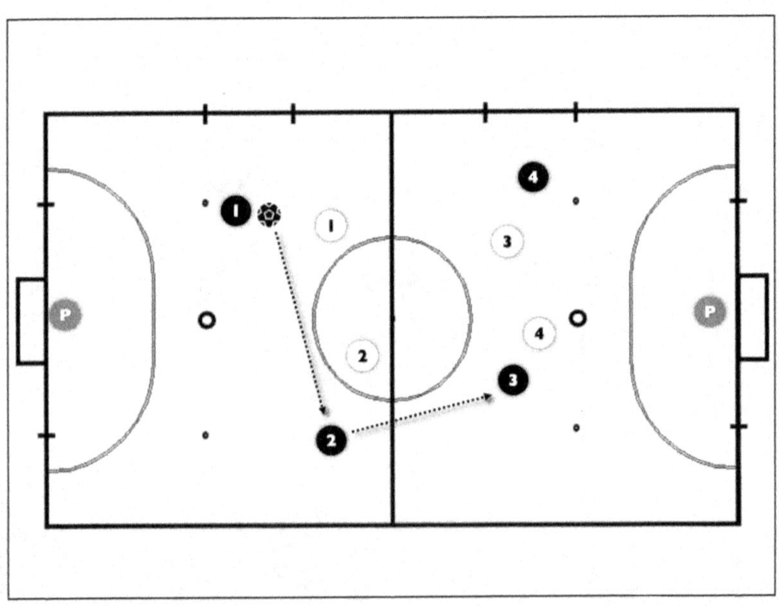

| Ejercicio N° 57 | Objetivo Principal | Posesión de balón y finalizaciones |
|---|---|---|
| | Objetivos Secundarios | Mejorar objetivos técnico-tácticos para mantener posesión de balón y finalizar mejorando el juego por banda |

| Medios Técnico-Tácticos | Pase, ocupación de espacios, control de balón. | | |
|---|---|---|---|
| Jugadores | 5 x 5 | Campo | Delimitado entre 2 zonas una en cada banda |
| Material | Conos, balones y petos | Tiempo | 4 x 10' |

**Explicación**

Juegan 5x5, el equipo en posesión del balón tiene que hacer pasar el balón por las bandas (las dos) antes de tener opción para finalizar.

| Observaciones | NO valdrá el gol anotado si el balón no ha pasado por las dos bandas en la misma posesión. |
|---|---|

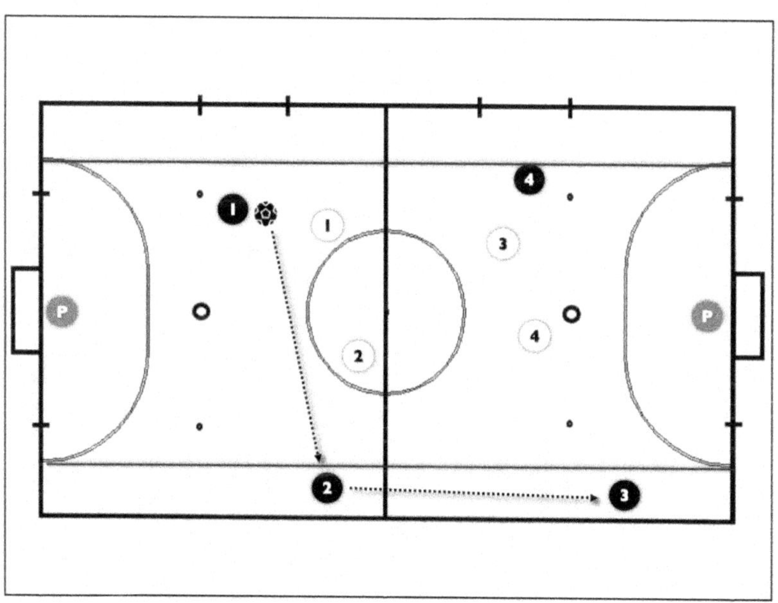

| Ejercicio Nº 58 | Objetivo Principal | Posesión de balón y finalizaciones |
| --- | --- | --- |
| | Objetivos Secundarios | Mejorar objetivos técnico-tácticos para mantener posesión de balón y finalizar mejorando el juego por banda |

| Medios Técnico-Tácticos | Pase, ocupación de espacios, control de balón. | | |
| --- | --- | --- | --- |
| Jugadores | 5 x 5 | Campo | Delimitada una zona de 10m x 20m en la zona central |
| Material | Conos, balones y petos | Tiempo | 4 x 10′ |

| Explicación |
| --- |
| Juegan 5x5, está delimitada una zona central en el campo donde no se puede jugar, el número de toques es libre. |

| Observaciones | NO se puede usar la zona central delimitada. |
| --- | --- |

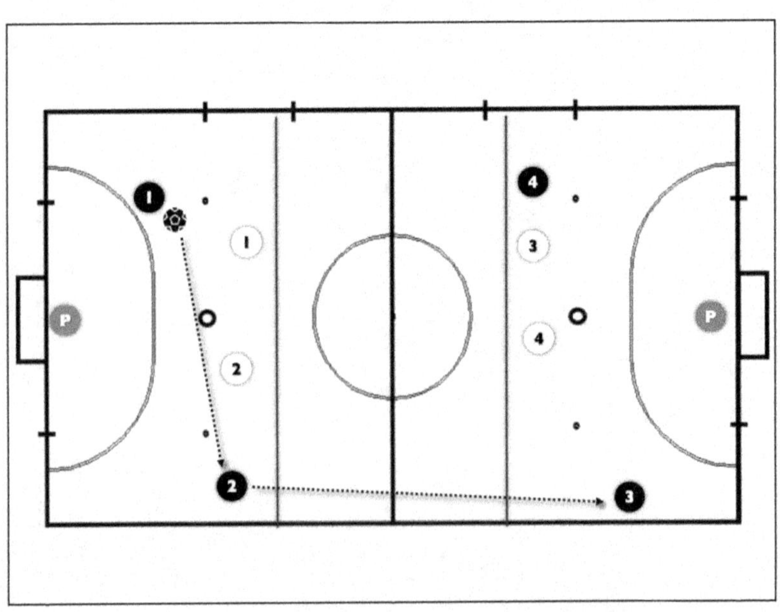

| Ejercicio Nº 59 | Objetivo Principal | Posesión de balón y finalizaciones |
|---|---|---|
| | Objetivos Secundarios | Mejorar objetivos técnico-tácticos para mantener posesión de balón y finalizar mejorando el juego por banda |
| Medios Técnico-Tácticos | Pase, ocupación de espacios, control de balón. | |
| Jugadores | 5 x 5 | Campo | Zonas en las esquinas de 5m x 5m |
| Material | Conos, balones y petos | Tiempo | 4 x 10′ |
| Explicación | | |

Juegan 5x5, están delimitadas 4 zonas en el campo, para que valga el gol el balón deberá proceder de una de esas cuatro zonas.

| Observaciones | El balón tiene que proceder de una de esas cuatro zonas. |
|---|---|

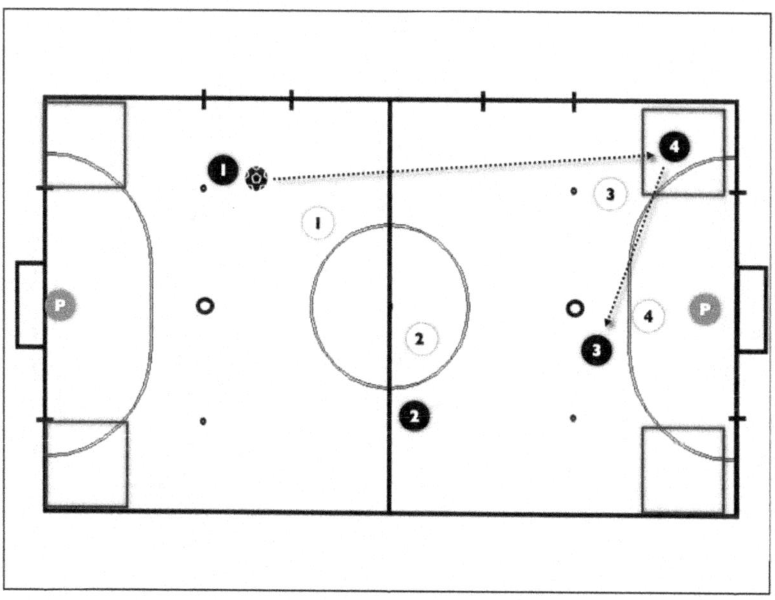

| Ejercicio N° 60 | Objetivo Principal | Posesión de balón y finalizaciones |
|---|---|---|
| | Objetivos Secundarios | Mejorar objetivos técnico-tácticos para mantener posesión de balón y finalizar mejorando el juego por banda |
| Medios Técnico-Tácticos | Pase, ocupación de espacios, control de balón. | |
| Jugadores | 5 x 5 | Campo: Delimitada una zona en la zona central del campo |
| Material | Conos, balones y petos | Tiempo: 4 x 10′ |
| Explicación | | |

Juegan 5x5, en la zona central del campo habrá una zona en la cual si existe contacto con la mano de un jugador del otro equipo a un jugador que tiene el balón del otro equipo, este perderá la posesión del balón.

| Observaciones | Tiene que existir un contacto notorio. |
|---|---|

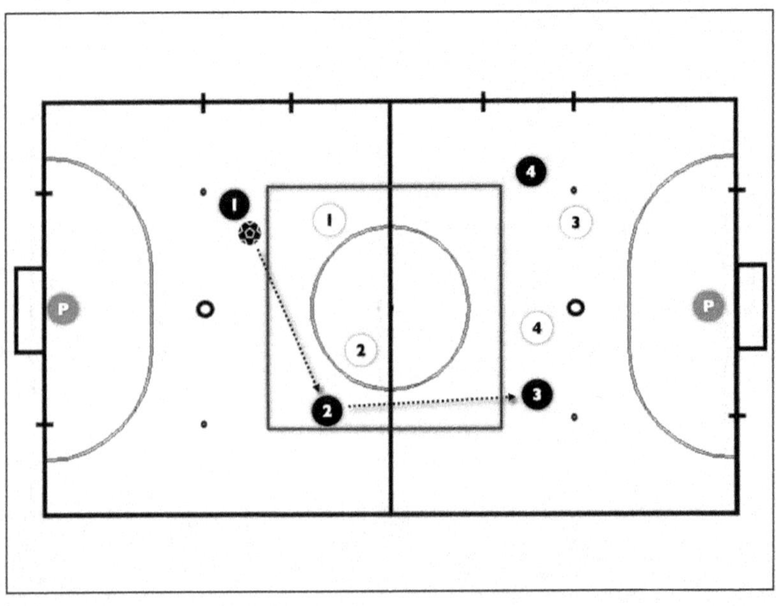

| Ejercicio Nº 61 | Objetivo Principal | Posesión de balón y finalizaciones |
|---|---|---|
| | Objetivos Secundarios | Mejorar objetivos técnico-tácticos para mantener posesión de balón y finalizar con mejora del juego combinativo en contraataque |
| Medios Técnico-Tácticos | Pase, ocupación de espacios, control de balón. | |
| Jugadores | 5 x 5 | Campo | Delimitada una zona en la zona central del campo |
| Material | Conos, balones y petos | Tiempo | 4 x 10′ |
| Explicación | | |

Juegan 5x5, en la zona delimitada central de el campo no se podrá jugar el balón. El número de toques es libre y hay norma del fuera de juego.

| Observaciones | Tiene que existir un contacto notorio. |
|---|---|

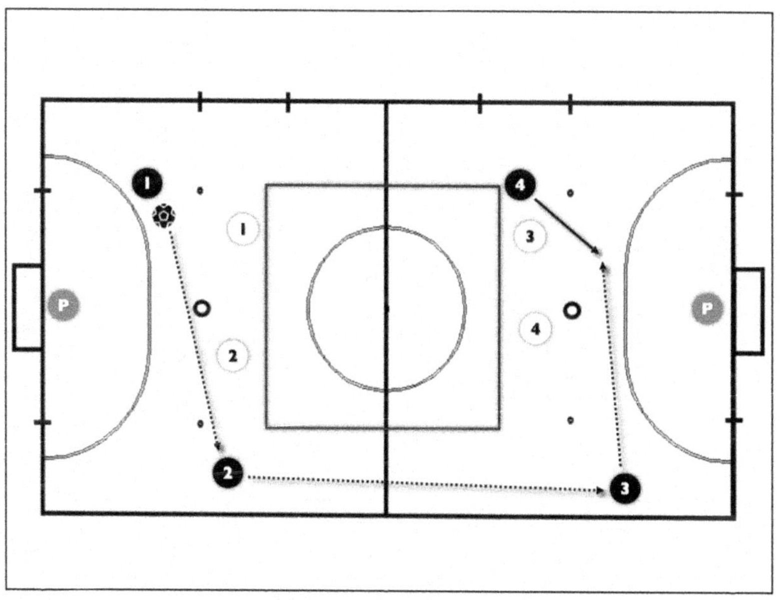

| Ejercicio Nº 62 | Objetivo Principal | Ocupación de espacios |
| --- | --- | --- |
| | Objetivos Secundarios | Correcto funcionamiento de un relevo |
| Medios Técnico-Tácticos | Pase, ocupación de espacios, control de balón. | |
| Jugadores | 5:5+2 | Campo | Delimitada una zona en los laterales de 10 m x 5 m. El terreno de juego será de 40 m x 20 m |
| Material | balones y petos | Tiempo | 10′ |
| Explicación | | | |

Juegan 5:5+2, se habilitarán dos zonas cada equipo defenderá una de las dos zonas marcadas. Para anotar puntos los equipos deberán realizar un relevo en las zona marcada del equipo rival.

| Observaciones | Solo valdrá punto en la zona marcada del equipo rival. |
| --- | --- |

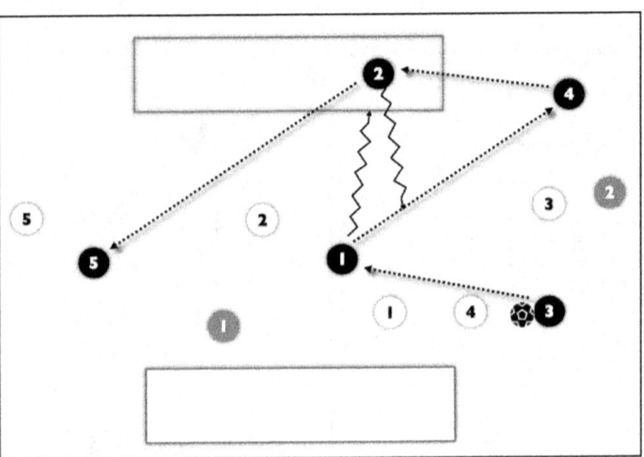

| Ejercicio Nº 63 | Objetivo Principal | Ocupación de espacios |
|---|---|---|
| | Objetivos Secundarios | Correcto funcionamiento de un relevo |
| Medios Técnico-Tácticos | Pase, ocupación de espacios, control de balón. | |
| Jugadores | 5:5+2 | Campo: Delimitada una zona en los laterales de 5 m x 2 m. El terreno de juego será de 40 m x 25 m |
| Material | balones y petos | Tiempo: 10′ |
| Explicación | | |

Juegan 5:5+2, se habilitarán dos zonas donde realizar los relevos. Los comodines irán con el equipo en posesión del balón.

| Observaciones | Para sumar puntos se tienen que realizar correctamente los relevos. |
|---|---|

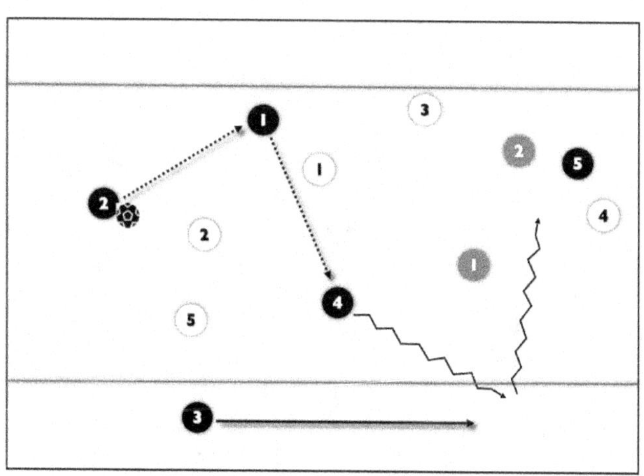

| Ejercicio N° 64 | Objetivo Principal | Ocupación de espacios |
|---|---|---|
| | Objetivos Secundarios | Correcto funcionamiento de un relevo |
| Medios Técnico-Tácticos | Pase, ocupación de espacios, control de balón. | |
| Jugadores | 5:5 | Campo | 35 m x 35 m |
| Material | balones y petos | Tiempo | 10' |

Explicación

Juegan 5:5, numeramos a los jugadores de cada equipo del 1 al 5 se consiguen puntos cada vez que consigues un relevo con un compañero tuyo con el número siguiente al tuyo.

Observaciones: Para sumar puntos se tienen que realizar correctamente los relevos.

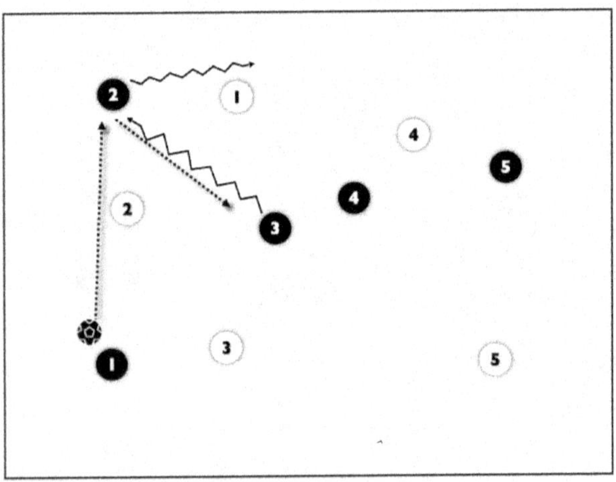

| Ejercicio Nº 65 | Objetivo Principal | Ocupación de espacios |
| --- | --- | --- |
| | Objetivos Secundarios | Técnica de conducción |
| Medios Técnico-Tácticos | Pase, ocupación de espacios, control de balón. | |
| Jugadores | 5:5 | Campo | 40 m x 25 m , porterías de 2m |
| Material | Conos, balones y petos | Tiempo | 10´ |
| Explicación | | |

Juegan 5:5, se colocan 4 porterías, para anotar un punto el jugador poseedor del equipo con balón deberá atravesarla conduciéndola.

| Observaciones | Solo suma puntos si se pasa con el balón en conducción. |
| --- | --- |

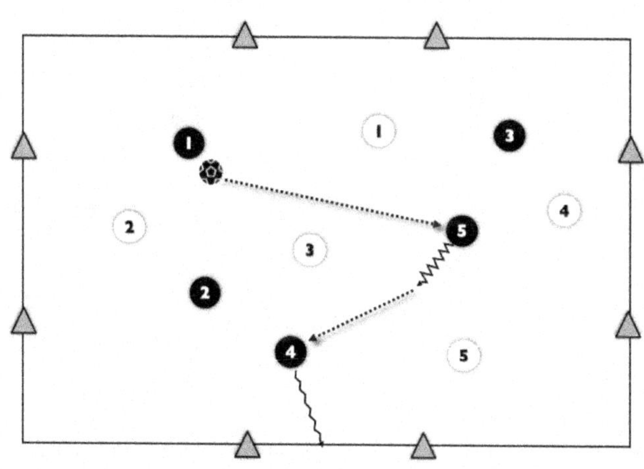

| Ejercicio N° 66 | Objetivo Principal | Ocupación de espacios y táctica defensiva |
|---|---|---|
| | Objetivos Secundarios | Mejora de la conducción de balón |
| Medios Técnico-Tácticos | Pase, ocupación de espacios, control de balón. | |
| Jugadores | 6(dos parejas) 1:1+1 | Campo | 20 m x 20 m , porterías de 2m |
| Material | Conos, balones y petos | Tiempo | 9 x 1′ |

| Explicación |
|---|
| Juegan 1:1+1, se colocan 2 porterías, el equipo que defiende además posee un comodín, el atacante intenta desbordar al defensor y meterse conduciendo el balón en una de las dos porterías. El defensor mediante el robo obtiene 1 punto por cada robo. El atacante del mismo modo gana un punto por cada ataque anotado. Los comodines van rotando. Tras el robo se cambia el equipo defensor y atacante. |

| Observaciones | Solo suma puntos si se pasa con el balón en conducción y solo se gana puntos mediante el robo para el equipo defensor. |
|---|---|

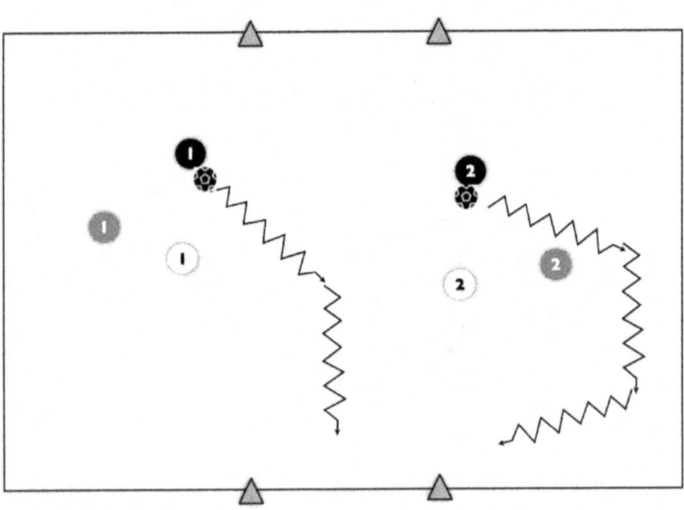

| Ejercicio N° 67 | Objetivo Principal | Ocupación de espacios y táctica defensiva |
|---|---|---|
| | Objetivos Secundarios | Mejora de la conducción de balón |
| Medios Técnico-Tácticos | Pase, ocupación de espacios, control de balón. | |
| Jugadores | 9(3 parejas) 1:1+1 | Campo | 20 m x 20 m , porterías de 2m |
| Material | Conos, balones y petos | Tiempo | 9 x 1´ |

**Explicación**

Juegan 1:1+1, se colocan 6 porterías, el equipo que defiende además posee un comodín, el atacante intenta desbordar al defensor y meterse conduciendo el balón en una de las dos porterías. El defensor mediante el robo obtiene 1 punto por cada robo. El atacante del mismo modo gana un punto por cada ataque anotado. Los comodines van rotando. Tras el tobo se cambia el equipo defensor y atacante.

| Observaciones | Solo suma puntos si se pasa con el balón en conducción y solo se gana puntos mediante el robo para el equipo defensor. |
|---|---|

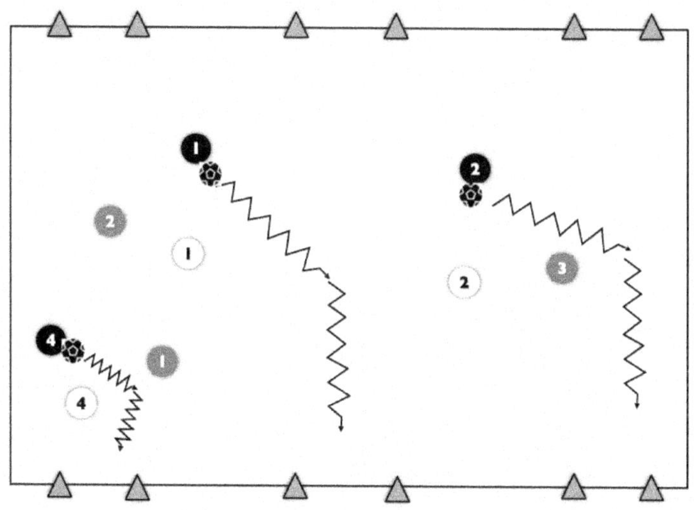

| Ejercicio N° 68 | Objetivo Principal | Ocupación de espacios y táctica defensiva |
| --- | --- | --- |
| | Objetivos Secundarios | Mejora de la conducción de balón |
| Medios Técnico-Tácticos | Pase, ocupación de espacios, control de balón. | |
| Jugadores | 6(2 parejas) 1:1+1 | Campo | 20 m x 20 m, porterías de 2 m |
| Material | Conos, balones y petos | Tiempo | 9 x 1' |
| Explicación | | |

Juegan 1:1+1, se colocan 2 porterías grandes de 10 m, el equipo que defiende además posee un comodín, el atacante intenta desbordar al defensor y meterse conduciendo el balón en una de las dos porterías. El defensor mediante el robo obtiene 1 punto por cada robo. El atacante del mismo modo gana un punto por cada ataque anotado. Los comodines van rotando. Tras robo se cambia el equipo defensor y atacante.

| Observaciones | Solo suma puntos si se pasa con el balón en conducción y solo se gana puntos mediante el robo para el equipo defensor. |
| --- | --- |

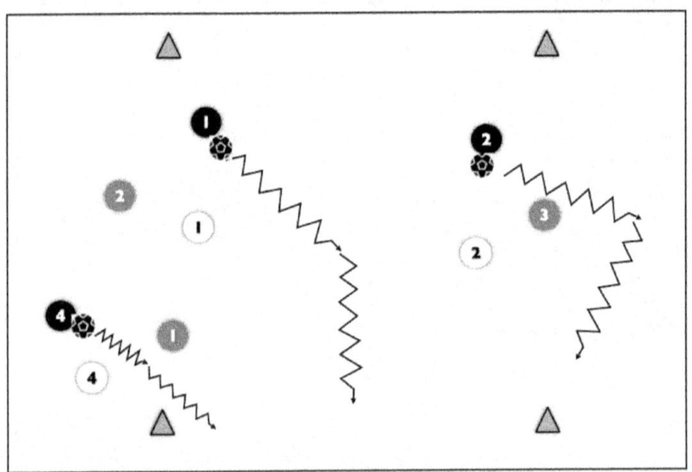

| Ejercicio N° 69 | Objetivo Principal | Ocupación de espacios y táctica defensiva y ofensiva |
| --- | --- | --- |
| | Objetivos Secundarios | Mejora de la conducción de balón |
| Medios Técnico-Tácticos | Pase, ocupación de espacios, control de balón. | |
| Jugadores | 6(3 parejas) 1:1 | Campo | 20 m x 20 m , portería triangular de 2m |
| Material | Conos, balones y petos | Tiempo | 8 x 1′ |

**Explicación**

Juegan 1:1, se coloca una portería triangular de 2 m de lado, el equipo que defiende además posee un comodín, el atacante intenta desbordar al defensor y meterse conduciendo el balón en una de las dos porterías. El defensor mediante el robo obtiene 1 punto por cada robo. El atacante del mismo modo gana un punto por cada ataque anotado. Los comodines van rotando. Tras robo se cambia el equipo defensor y atacante.

| Observaciones | Solo suma puntos si se pasa con el balón en conducción y solo se gana puntos mediante el robo para el equipo defensor. |
| --- | --- |

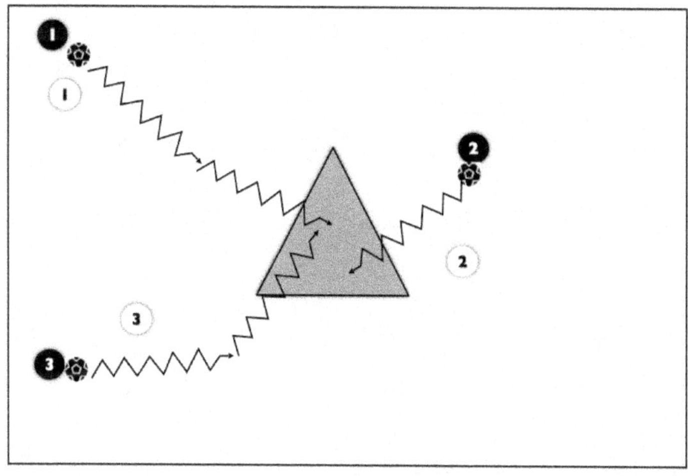

| Ejercicio Nº 70 | Objetivo Principal | Ocupación de espacios y táctica defensiva y ofensiva |
|---|---|---|
| | Objetivos Secundarios | Mejora de la conducción de balón |
| Medios Técnico-Tácticos | Pase, ocupación de espacios, control de balón. | |
| Jugadores | 6 (3 parejas) 1:1 | Campo | 20 m x 20 m , portería rectangular 3 m de lado. |
| Material | Conos, balones y petos | Tiempo | 8 x 1´ |
| Explicación | | |

Juegan 1:1+1, se coloca una portería rectangular de 3 m de lado, el jugador atacante estará durante 1´ intentando entrar en la portería formada y el defensor otro minuto intentando robarle el balón.

| Observaciones | Deben aguantar 1´ cada uno en su posición. |

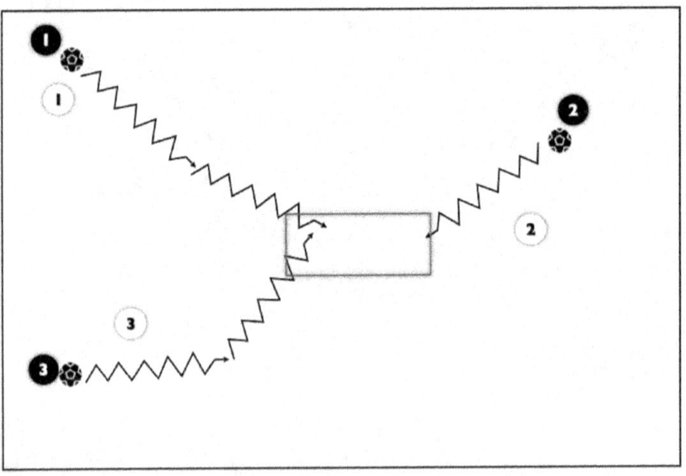

| Ejercicio N° 71 | Objetivo Principal | Ocupación de espacios y táctica defensiva |
|---|---|---|
| | Objetivos Secundarios | Mejora de la conducción de balón |
| Medios Técnico-Tácticos | Pase, ocupación de espacios, control de balón. | |
| Jugadores | 6(3 parejas) 1:1 | Campo | 20 m x 15 m , cuatro porterías de 2 m |
| Material | Conos, balones y petos | Tiempo | 8 x 1' |
| Explicación | | |

Juegan 1:1, se colocan 4 porterías pequeñas de 2 m, los jugadores atacantes deben atravesar conduciendo el balón en lo cual sumarán 1 punto. Tras atravesarla el balón cambiará de posición. Los defensores deberán robar un balón para sumar 1 punto y pasarán a atacar.

| Observaciones | Solo suma puntos si se pasa con el balón en conducción y solo se gana puntos mediante el robo para el equipo defensor. |
|---|---|

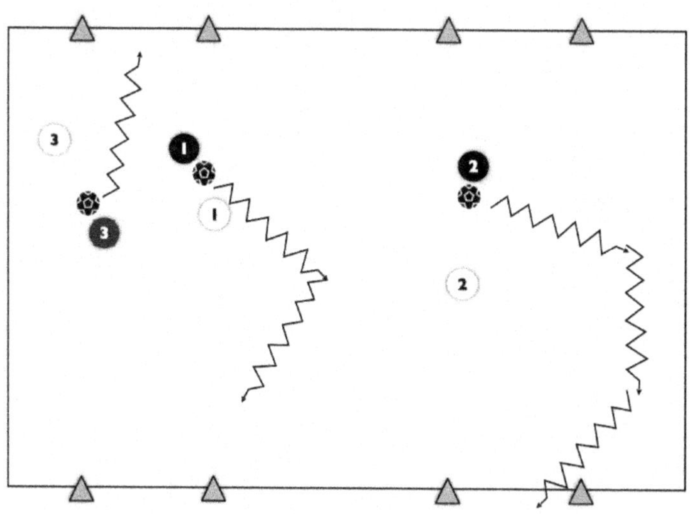

| Ejercicio N° 72 | Objetivo Principal | Ocupación de espacios y táctica ofensiva |
|---|---|---|
| | Objetivos Secundarios | Mejora de la conducción de balón |
| Medios Técnico-Tácticos | Pase, ocupación de espacios, control de balón. | |
| Jugadores | 9( 3 parejas) 1:1+3 | Campo | 20 m x 15 m , dos porterías de 10 m |
| Material | Conos, balones y petos | Tiempo | 9 x 1´ |

**Explicación**

Juegan 1:1+3, se colocan 2 porterías anchas, el atacante intenta rebasar al defensor y atravesar la portería conduciendo el balón. Con lo que conseguiría 1 punto. El defensor tendría que robar el balón, con lo que conseguiría 1 punto y pasaría a atacar. Los comodines se cambian cada minuto.

**Observaciones**

Solo suma puntos si se pasa con el balón en conducción y solo se gana puntos mediante el robo para el equipo defensor.

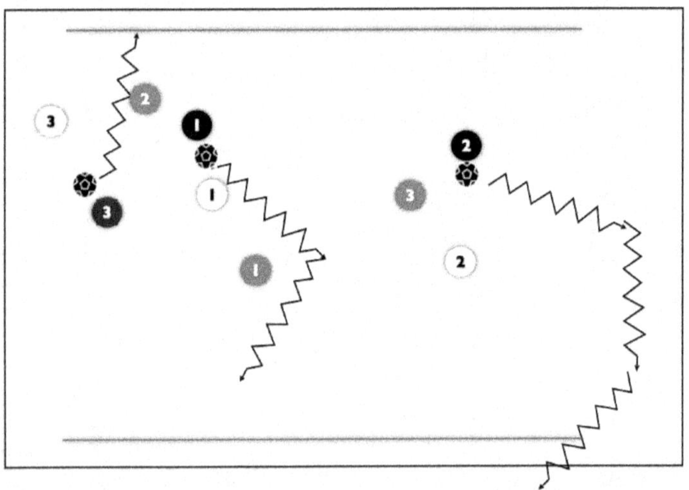

| Ejercicio N° 73 | Objetivo Principal | Ocupación de espacios y táctica ofensiva |
|---|---|---|
| | Objetivos Secundarios | Mejora de la conducción de balón |
| Medios Técnico-Tácticos | Pase, ocupación de espacios, control de balón. | |

| Jugadores | 9 (3 parejas) 1:1+3 | Campo | 20 m x 15 m , dos porterías de 5 m |
|---|---|---|---|
| Material | Conos, balones y petos | Tiempo | 9 x 1´ |

**Explicación**

Juegan 1:1+3, se colocan 2 porterías de 5 m. En esta ocasión los comodines juegan con el equipo que tiene la posesión del balón. Cada equipo defiende una portería. Para sumar puntos el equipo que ataca tiene que atravesar la portería conduciendo el balón. El equipo defensor tendrá que robar el balón para sumar 1 punto, si roba el balón pasa a atacar. Los comodines cambian cada minuto.

| Observaciones | Solo suma puntos si se pasa con el balón en conducción y solo se gana puntos mediante el robo para el equipo defensor. |
|---|---|

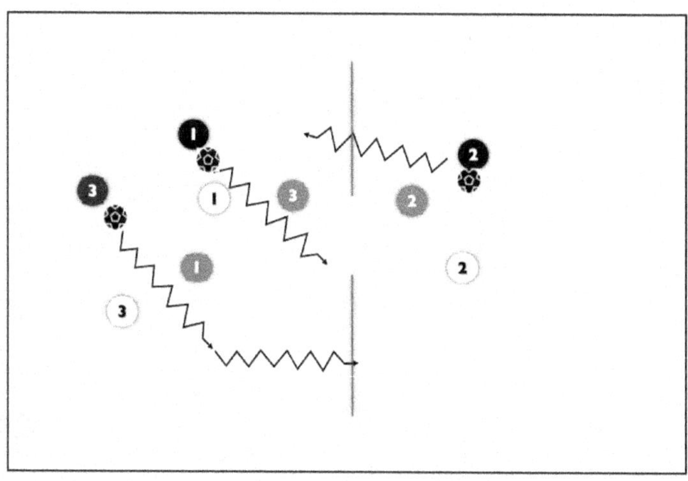

| Ejercicio Nº 74 | Objetivo Principal | Ocupación de espacios y táctica defensiva |
|---|---|---|
| | Objetivos Secundarios | Mejora de la percepción del espacio y el pase |
| Medios Técnico-Tácticos | Pase, ocupación de espacios, control de balón. | |
| Jugadores | 7(3:3+1) | Campo | 10 m x 10 m |
| Material | Conos, balones y petos | Tiempo | 12 x 1' |

**Explicación**

Juegan 3:3+1, el comodín juega con el equipo defensor. De cada equipo 2 integrantes se colocan en las esquinas del campo y los restantes mas el comodín se desplazan por la zona central moviéndose libremente. Los jugadores atacantes deben conservar el balón y los defensores robarlo, tras el robo cambiaría la posesión. Cambian los roles cada minuto.

| Observaciones | Solo suma puntos el defensor si se anticipa y roba el balón, y el atacante manteniendo la posesión a dos toques. |
|---|---|

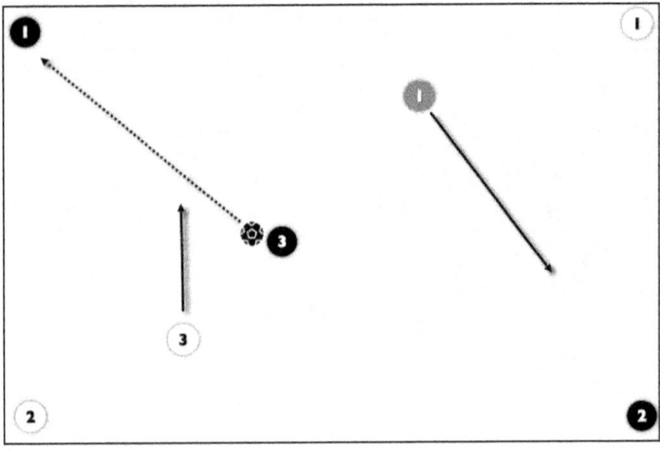

| Ejercicio N° 75 | Objetivo Principal | Ocupación de espacios y táctica defensiva |
|---|---|---|
| | Objetivos Secundarios | Mejora de la percepción del espacio y el pase |

| Medios Técnico-Tácticos | Pase, ocupación de espacios, control de balón. | | |
|---|---|---|---|
| Jugadores | 7(3:3+1) | Campo | 10 m x 10 m |
| Material | Conos, balones y petos | Tiempo | 12 x 1´ |

### Explicación

Juegan 3:3+1, el comodín juega con el equipo defensor. De cada equipo 2 integrantes se colocan por fuera del terreno de juego y los restantes, mas el comodín se desplazan por la zona central moviéndose libremente. Los jugadores atacantes deben conservar el balón y los defensores robarlo, tras el robo cambiaría la posesión. Cambian los roles cada minuto.

| Observaciones | Solo suma puntos el defensor si se anticipa y roba el balón, y el atacante manteniendo la posesión a dos toques. |
|---|---|

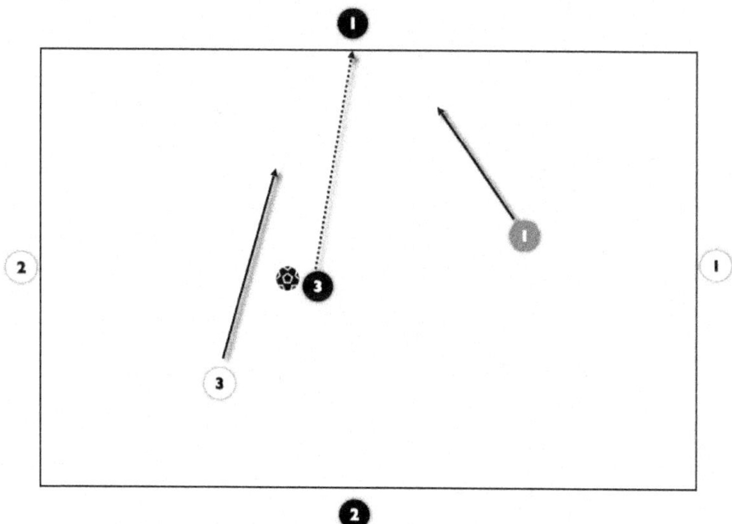

| Ejercicio N° 76 | Objetivo Principal | Ocupación de espacios y táctica defensiva |
| --- | --- | --- |
| | Objetivos Secundarios | Mejora de la percepción del espacio y el pase |
| Medios Técnico-Tácticos | Pase, ocupación de espacios, control de balón. | |
| Jugadores | 10(5:5+2) | Campo | 30 m x 30 m, zona central de 15m x 15m |
| Material | Conos, balones y petos | Tiempo | 7 x 2′ |

**Explicación**

Juegan 5:5+2, 2 de los 5 jugadores de cada equipo se sitúan por dentro, su misión es robar los balones que se filtren en la zona central. La misión del equipo poseedor de balón es conservar el balón. Cambiamos roles cada 2′ y se cambia el equipo defensor y atacante con cada robo. Los comodines van con el equipo defensor.

**Observaciones**

Solo suma puntos el defensor si se anticipa y roba el balón, y el atacante manteniendo la posesión a dos toques.

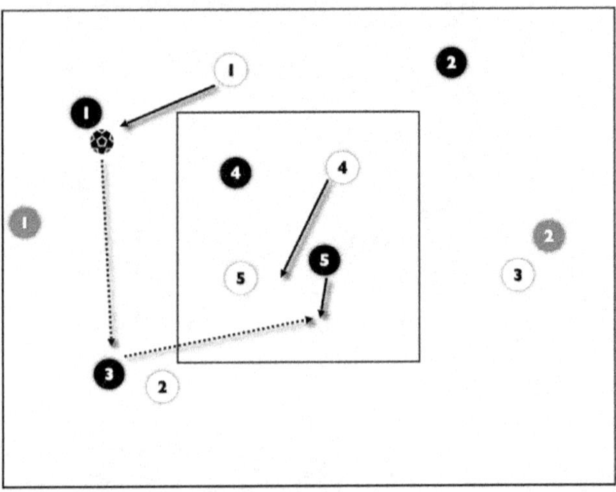

| Ejercicio N° 77 | Objetivo Principal | Ocupación de espacios y táctica defensiva |
| --- | --- | --- |
| | Objetivos Secundarios | Mejora de la percepción del espacio y el pase |
| Medios Técnico-Tácticos | Pase, ocupación de espacios, control de balón. | |
| Jugadores | 10(5:5) | Campo | 12m x 12m |
| Material | Conos, balones y petos | Tiempo | 10 x 1´ |
| Explicación | | |

Juegan 5:5, cada equipo sitúa 4 jugadores en los alrededores del campo por fuera y uno por dentro. El equipo que defiende ganará un punto por cada balón que robe el jugador defensor por dentro y pasarán a atacar. El equipo atacante deberá mantener la posesión del balón. Cambiarán los roles cada minuto.

| Observaciones | Solo suma puntos el defensor si se anticipa y roba el balón, y el atacante manteniendo la posesión a dos toques. |
| --- | --- |

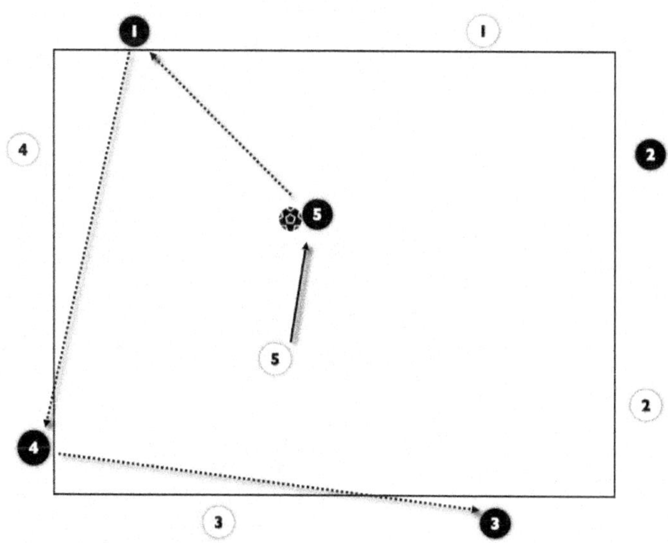

| Ejercicio N° 78 | Objetivo Principal | Ocupación de espacios y táctica defensiva |
|---|---|---|
| | Objetivos Secundarios | Mejora de la percepción del espacio y el pase |
| Medios Técnico-Tácticos | Pase, ocupación de espacios, control de balón. | |
| Jugadores | 8(4:4) | Campo | 12 m x 12 m |
| Material | Conos, balones y petos | Tiempo | 4 x 2' |

**Explicación**

Juegan 4:4, cada equipo sitúa dos jugadores por fuera del campo y dos por dentro. El equipo que defiende ganará un punto por cada robo que realice uno de sus jugadores y pasarán a atacar, el equipo en posesión de balón deberá mantener el balón el máximo tiempo posible. Se cambiarán los roles cada 2 minutos.

**Observaciones**

Solo suma puntos el defensor si se anticipa y roba el balón, y el atacante manteniendo la posesión a dos toques.

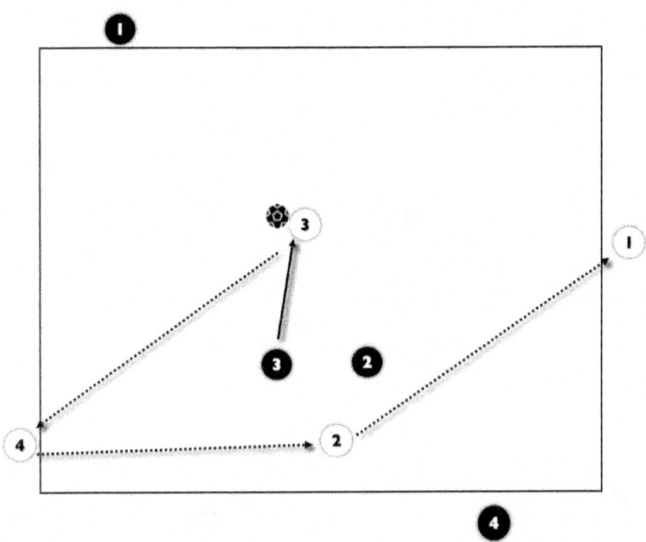

| Ejercicio N° 79 | Objetivo Principal | Ocupación de espacios y táctica defensiva |
| --- | --- | --- |
| | Objetivos Secundarios | Mejora de la percepción del espacio y el pase |
| Medios Técnico-Tácticos | Pase, ocupación de espacios, control de balón. | |
| Jugadores | 7(3:3+1) | Campo | 10 m x 10 m |
| Material | Conos, balones y petos | Tiempo | 14 x 1' |
| Explicación | | |

Juegan 3:3+1, cada equipo sitúa dos jugadores en los laterales del campo, y por dentro quedan uno de cada equipo más el comodín que va con el equipo defensor. El equipo que defiende gana punto cada vez que el jugador de dentro se anticipa y roba un balón. El equipo atacante tiene que mantener la posesión del balón.

| Observaciones | Solo suma puntos el defensor si se anticipa y roba el balón, y el atacante manteniendo la posesión a dos toques. |
| --- | --- |

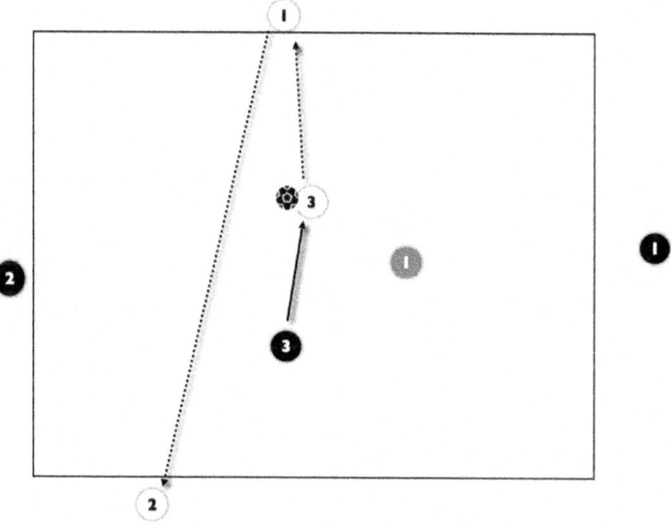

| Ejercicio N° 80 | Objetivo Principal | Ocupación de espacios y táctica defensiva |
| --- | --- | --- |
| | Objetivos Secundarios | Mejora de la percepción del espacio y el pase |

| Medios Técnico-Tácticos | Pase, ocupación de espacios, control de balón. | | |
| --- | --- | --- | --- |
| Jugadores | 10 (4:6) | Campo | 20 m x 20 m |
| Material | Conos, balones y petos | Tiempo | 2 x 4´ |

| Explicación |
| --- |
| Juegan 4:6, el equipo atacante se sitúa dos fuera del cuadro y dos dentro y el equipo defensor los 6 dentro de el cuadro. Los defensores tendrán que interceptar el mayor número de pases posible, los atacantes intentan mantener la posesión. Atacantes y defensores cambian cada 4´. |

| Observaciones | Solo suma puntos el defensor si se anticipa y roba el balón, y el atacante manteniendo la posesión a dos toques. |
| --- | --- |

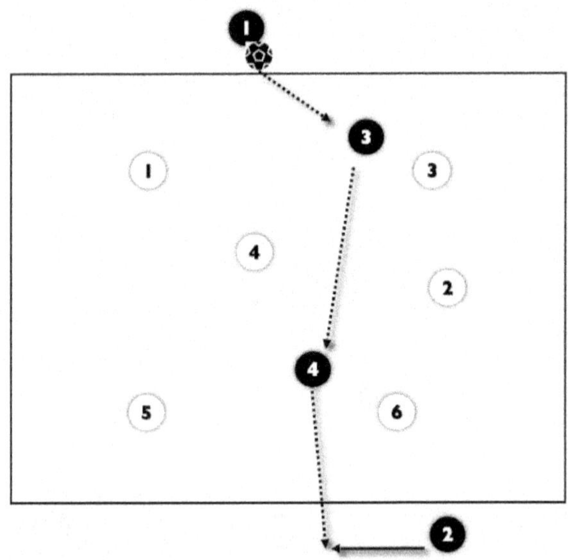

| Ejercicio N° 81 | Objetivo Principal | Ocupación de espacios y táctica defensiva |
| --- | --- | --- |
| | Objetivos Secundarios | Mejora de la percepción del espacio y el pase |
| Medios Técnico-Tácticos | Pase, ocupación de espacios, control de balón. | |
| Jugadores | 10 (4:6) | Campo | 25 m x 25 m |
| Material | Conos, balones y petos | Tiempo | 2 x 4' |

Explicación

Juegan 4:6, el equipo atacante se sitúa en el exterior del cuadro y el defensor dentro del mismo. Los 6 defensores tratan de interceptar el mayor número de pases posible. Cada 4' cambiamos los roles. Cada interceptación suma un punto.

| Observaciones | Solo suma puntos el defensor si se anticipa y roba el balón, y el atacante manteniendo la posesión a dos toques. |
| --- | --- |

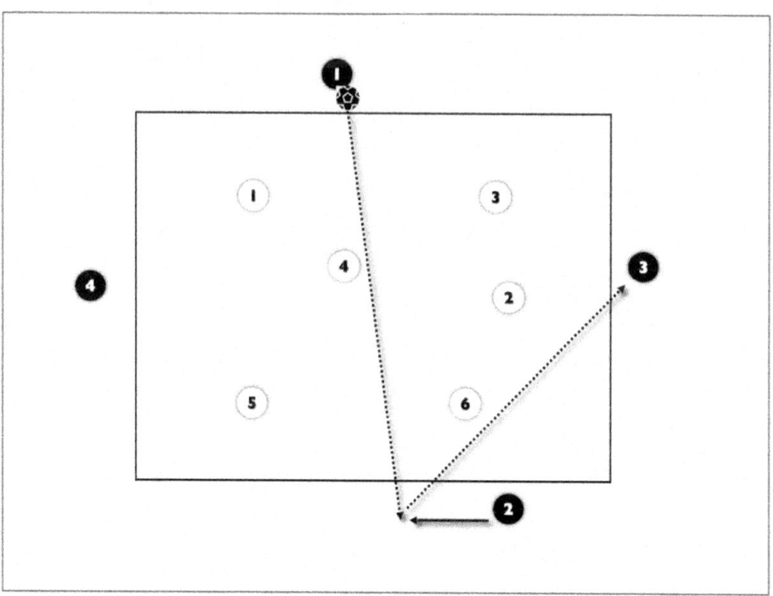

| Ejercicio N° 82 | Objetivo Principal | Ocupación de espacios y táctica defensiva |
| --- | --- | --- |
| | Objetivos Secundarios | Mejora de la percepción del espacio y el pase |
| Medios Técnico-Tácticos | Pase, ocupación de espacios, control de balón. | |

| Jugadores | 6(3:3) | Campo | Triangulo de 15 m de lado |
| --- | --- | --- | --- |
| Material | Conos, balones y petos | Tiempo | 2 x 4' |

**Explicación**

Juegan 3:3, dentro del triangulo, el equipo atacante situado en las esquinas, el defensor por dentro. Tratan de interceptar los balones del equipo atacante. Cambiamos los roles cada 4 minutos.

| Observaciones | Solo suma puntos el defensor si se anticipa y roba el balón, y el atacante manteniendo la posesión a dos toques. |
| --- | --- |

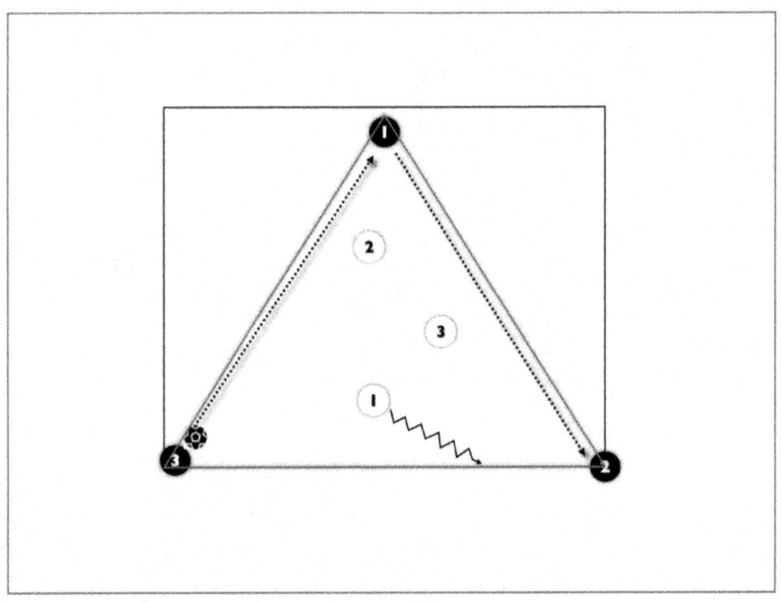

| Ejercicio Nº 83 | Objetivo Principal | Ocupación de espacios y táctica defensiva |
| --- | --- | --- |
| | Objetivos Secundarios | Mejora de la percepción del espacio y el pase |
| Medios Técnico-Tácticos | Pase, ocupación de espacios, control de balón. | |
| Jugadores | 10 (5:5) | Campo | Pentágono de 12 m x 5 m de lado |
| Material | Conos, balones y petos | Tiempo | 2 x 5´ |

**Explicación**

Juegan 5:5, los atacantes se sitúan en las esquinas del pentágono y los defensores por dentro. La misión de los defensores es interceptar el mayor número de pases posible. Cambian dada 5 minutos de roles.

| Observaciones | Solo suma puntos el defensor si se anticipa y roba el balón, y el atacante manteniendo la posesión a dos toques. |
| --- | --- |

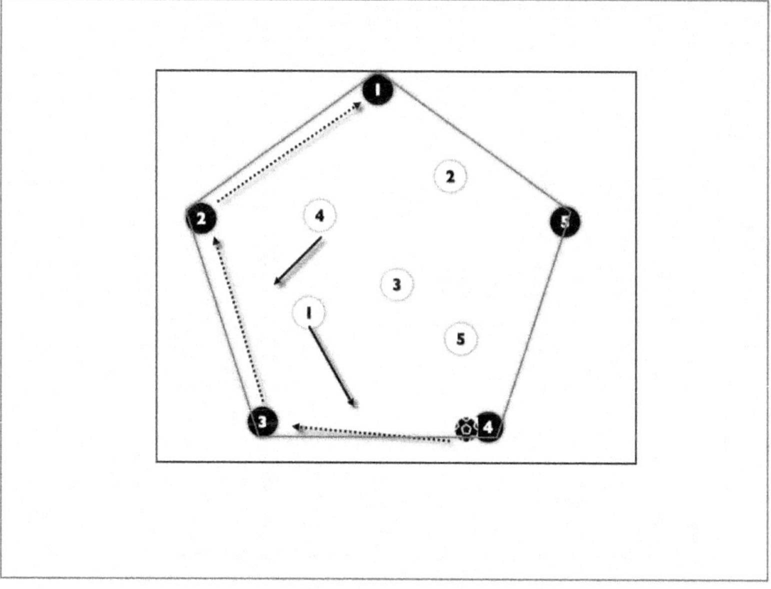

| Ejercicio Nº 84 | Objetivo Principal | Despeje y táctica defensiva |
|---|---|---|
| | Objetivos Secundarios | Mejora de balón parado y centros al área |
| Medios Técnico-Tácticos | Pase, ocupación de espacios, control de balón, tiro y despeje. | |

| Jugadores | 7 (3:3+1) | Campo | 20 m x 30 m |
|---|---|---|---|
| Material | Conos, balones y petos | Tiempo | 6 x 2´ |

| Explicación |
|---|

Juegan 3:3+1, el comodín juega con el equipo defensor Del equipo atacante, dos de los integrantes se sitúan en las esquinas y un tercero en el centro. Los tres defensores se sitúan por dentro y su misión es que no anoten gol. Cambiamos los roles cada 2 minutos.

| Observaciones | No pueden dejar anotar gol el quipo atacante. |
|---|---|

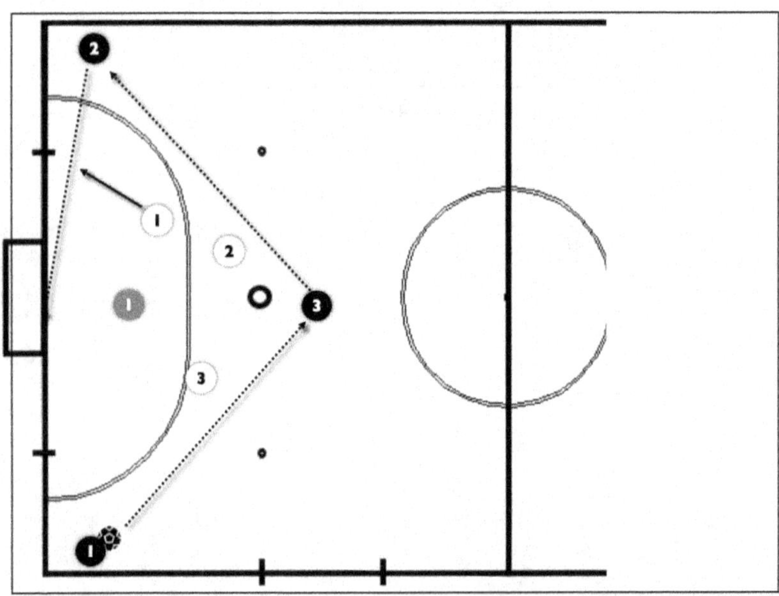

| Ejercicio N° 85 | Objetivo Principal | Despeje y táctica defensiva |
| --- | --- | --- |
| | Objetivos Secundarios | Mejora de balón parado y centros al área |
| Medios Técnico-Tácticos | Pase, ocupación de espacios, control de balón, tiro y despeje. | |
| Jugadores | 7 (3:3+1) | Campo | 20 m x 30 m, porterías anchas de 10 m |
| Material | Conos, balones y petos | Tiempo | 6 x 2´ |
| Explicación | | |

Juegan 3:3+1, el comodín juega con el equipo defensor, cada equipo ataca un portería, Los atacantes solo pueden anotar gol tras un remate previo a un centro lateral de un jugador de banda y al primer toque.

| Observaciones | Solo valen los goles precedidos de un pase de un jugador de banda. |
| --- | --- |

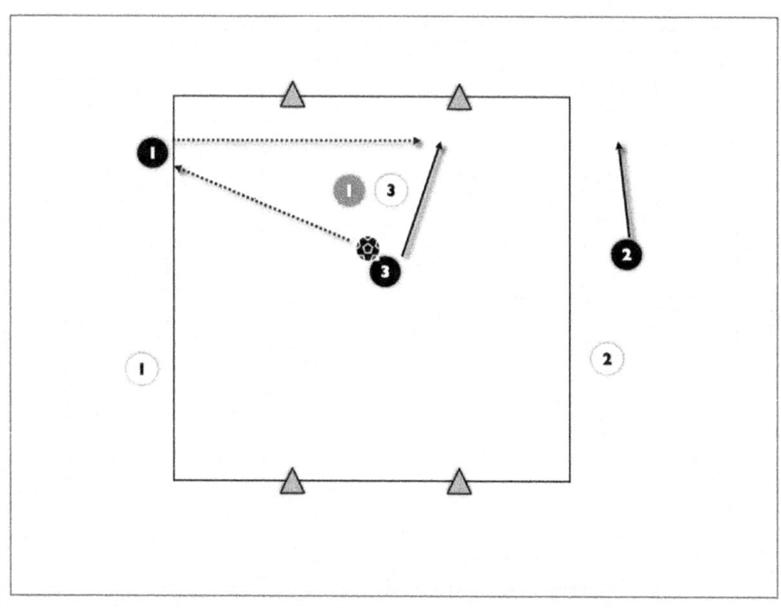

| Ejercicio Nº 86 | Objetivo Principal | Despeje y táctica defensiva |
|---|---|---|
| | Objetivos Secundarios | Mejora de balón parado y centros al área |

| Medios Técnico-Tácticos | Pase, ocupación de espacios, control de balón., tiro y despeje | | |
|---|---|---|---|
| Jugadores | 5 (2:2+1) | Campo | Área de doble penalti |
| Material | Conos, balones y petos | Tiempo | 9 x 1´ |

| Explicación |
|---|
| Juegan 2:2+1.El comodín va con el equipo defensor. Se coloca un jugador de cada equipo fuera del área, el atacante solo podrá rematar si viene precedido de un pase del jugador exterior y siempre de primeras. El defensor deberá tratar que no remate. No hay portero. |

| Observaciones | Solo valen los goles precedidos de un pase de un jugador de banda. |
|---|---|

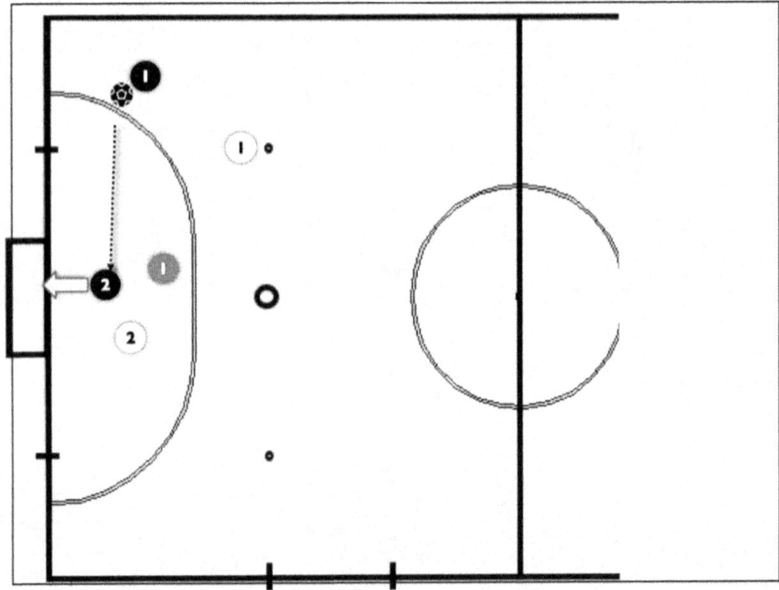

| Ejercicio N° 87 | Objetivo Principal | Despeje y táctica defensiva |
|---|---|---|
| | Objetivos Secundarios | Mejora de balón parado y centros al área |
| Medios Técnico-Tácticos | Tiro y despeje | |

| Jugadores | 2 (1:1) | Campo | 25 m x 15 m, porterías reglamentarias. |
|---|---|---|---|
| Material | Conos, balones y petos | Tiempo | 2 x 4 ´ |

**Explicación**

Juegan 1:1, cada jugador defiende una portería la misión es despejar el tiro del rival.

| Observaciones | No se puede dar al balón con las manos ni los brazos. |
|---|---|

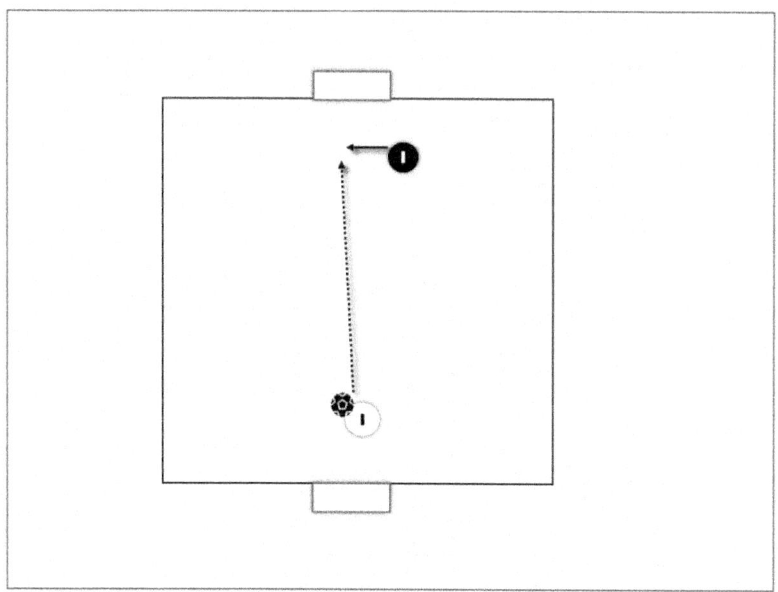

| Ejercicio Nº 88 | Objetivo Principal | Blocaje |
|---|---|---|
| | Objetivos Secundarios | Mejora del saque con las manos |
| Medios Técnico-Tácticos | Saque con las manos y blocaje | |
| Jugadores | 2 (1:1) | Campo | 25 m x 15 m, porterías reglamentarias. |
| Material | Conos, balones y petos | Tiempo | 2 x 4´ |

| Explicación |
|---|
| Juegan 1:1, cada portero defiende una portería la misión es bloquear el tiro que le realiza el otro. Se tira con las manos. |

| Observaciones | Se tira con las manos. |
|---|---|

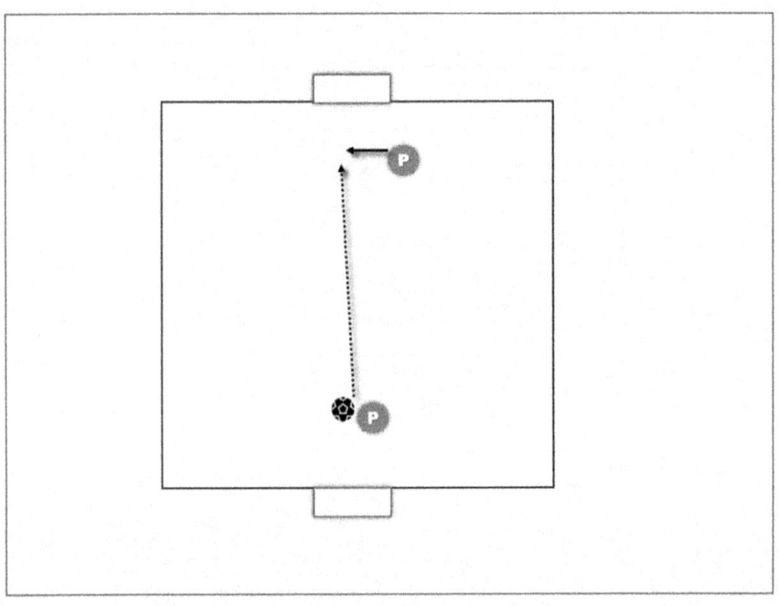

| Ejercicio Nº 89 | Objetivo Principal | Blocaje |
|---|---|---|
| | Objetivos Secundarios | Mejora del saque con las piernas |
| Medios Técnico-Tácticos | Saque con las piernas y blocaje | |
| Jugadores | 2(1:1) | Campo | 25 m x 15 m, porterías reglamentarias. |
| Material | Conos, balones y petos | Tiempo | 2 x 4 ´ |
| Explicación | | |

Juegan 1:1, cada portero defiende una portería la misión es bloquear el tiro que le realiza el otro. Se tira con las piernas pero solo a ras del suelo.

| Observaciones | Solo vale el tiro a ras del suelo. |
|---|---|

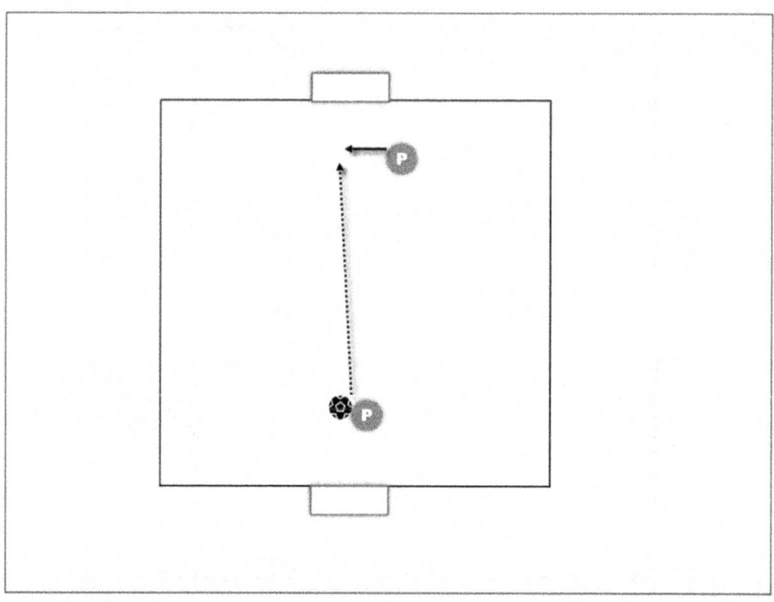

| Ejercicio N° 90 | Objetivo Principal | Blocaje | |
|---|---|---|---|
| | Objetivos Secundarios | Mejora del remate de cabeza | |
| Medios Técnico-Tácticos | Remate de cabeza y blocaje | | |
| Jugadores | 5( 4 atacantes y un portero) | Campo | Área de penalti, porterías reglamentarias. |
| Material | Conos, balones y petos | Tiempo | 5 x 2´ |
| Explicación | | | |
| Juegan 4 atacantes y un portero, lo atacantes se sitúan en el área de penalti y solo pueden rematar de cabeza, mediante un pase previo de un compañero, el portero debe blocar el remate. | | | |
| Observaciones | Solo vale el tiro con la cabeza. | | |

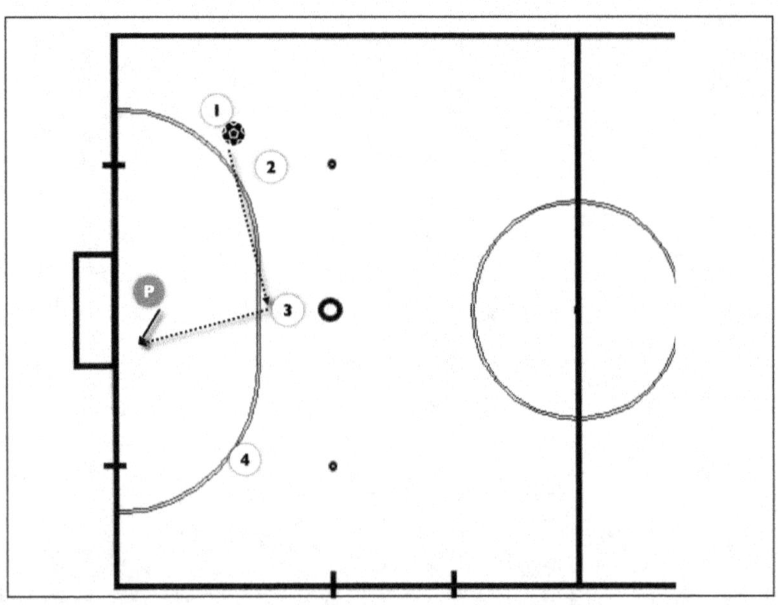

| Ejercicio N° 91 | Objetivo Principal | Blocaje |
|---|---|---|
| | Objetivos Secundarios | Mejora del remate de cabeza |
| Medios Técnico-Tácticos | Remate de cabeza y blocaje | |
| Jugadores | 8 (3:3+ 2 porteros) | Campo | 25 m x 15 m y se delimita una zona central de 5 m x 15 m |
| Material | Conos, balones y petos | Tiempo | 10' |
| Explicación | | |

Juegan 3:3+ 2 porteros. Los porteros se sitúan en la zona central y tienen que blocar los pases de los jugadores que se sitúan 3 en cada zona lateral.

| Observaciones | Los porteros deben blocar y retener el balón. |
|---|---|

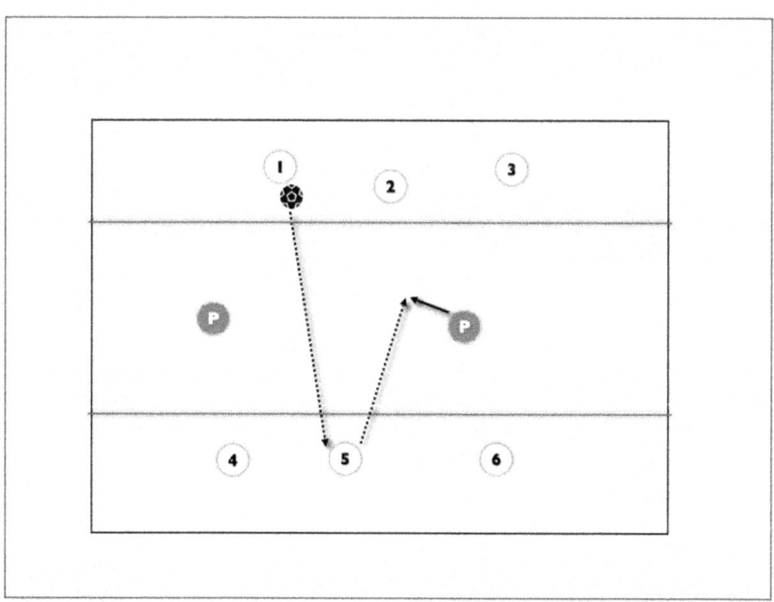

| Ejercicio Nº 92 | Objetivo Principal | Blocaje |
|---|---|---|
| | Objetivos Secundarios | Mejora del saque con las piernas |
| Medios Técnico-Tácticos | Saque con las piernas y blocaje | |
| Jugadores | 2 (1:1) | Campo | 20 m x 15 m, y una red de 1'50 m de altura, |
| Material | Conos, balones, petos y una red | Tiempo | 10' |
| Explicación | | |

Juegan 1:1, cada portero defiende su campo impidiendo que el balón bote, lo tiene que hacer mediante el bloqueo de balón.

| Observaciones | No puede botar el balón en campo propio. |
|---|---|

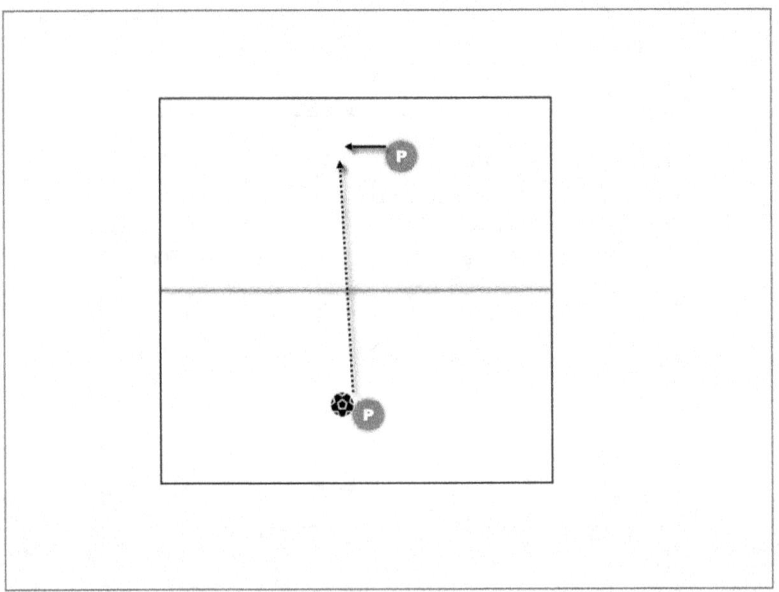

| Ejercicio Nº 93 | Objetivo Principal | Desvío | |
|---|---|---|---|
| | Objetivos Secundarios | Mejora del saque con las manos | |
| Medios Técnico-Tácticos | Saque con las manos y desvíos | | |
| Jugadores | 2 (1:1) | Campo | 25 m x 15 m, porterías reglamentarias. |
| Material | Conos, balones y petos | Tiempo | 5 x 2´ |
| Explicación | | | |
| Juegan 1:1, cada portero defiende un campo, para defenderlo deberá evitar que el balón golpeado por el otro portero con las manos entre en su portería y deberá hacerlo desviándolo. | | | |
| Observaciones | No puede blocar el balón. | | |

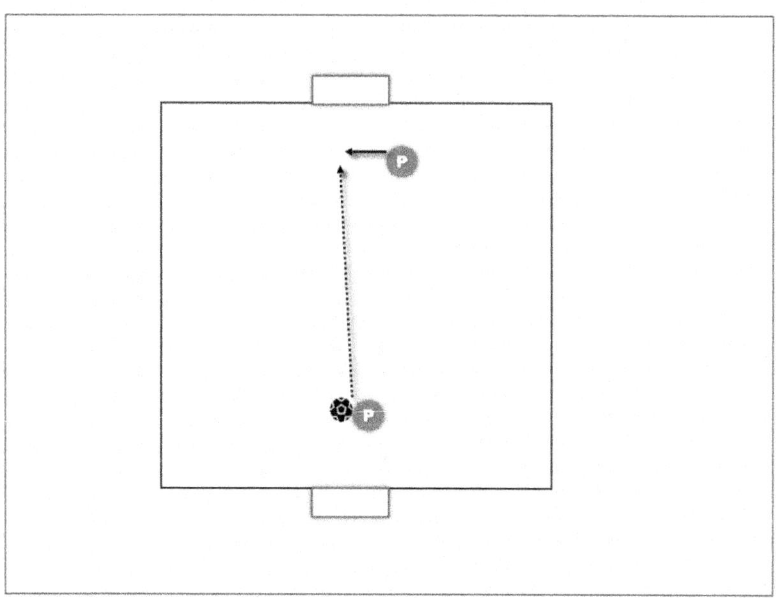

| Ejercicio N° 94 | Objetivo Principal | Desvío |
| --- | --- | --- |
| | Objetivos Secundarios | Mejora del saque con las piernas |
| Medios Técnico-Tácticos | Saque con las piernas y desvíos | |

| Jugadores | 2 (1:1) | Campo | 25 m x 15 m, porterías reglamentarias. |
| --- | --- | --- | --- |
| Material | Conos, balones y petos | Tiempo | 5 x 2´ |

**Explicación**

Juegan 1:1, cada portero defiende una portería la misión es bloquear el tiro que le realiza el otro. Se tira con las piernas.

| Observaciones | No se puede bloquear el balón. |
| --- | --- |

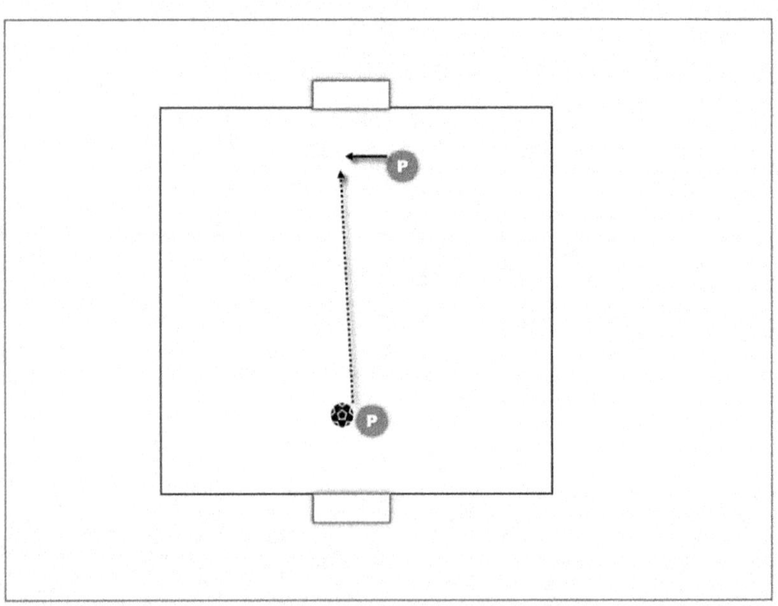

| Ejercicio N° 95 | Objetivo Principal | Despeje (Portero) |
|---|---|---|
| | Objetivos Secundarios | Mejora de la técnica de salida a despeje |
| Medios Técnico-Tácticos | Despejes | |
| Jugadores | 2 (1:1) | Campo | 25 m x 15 m y una red de 1,50 m |
| Material | Conos, balones petos y una red | Tiempo | 8' |

**Explicación**

Juegan 1:1, cada portero defiende su campo, tiene que despejar de puños el balón que le viene del otro portero y intentar que bote en el otro campo.

| Observaciones | Se despeja solo de puños. |
|---|---|

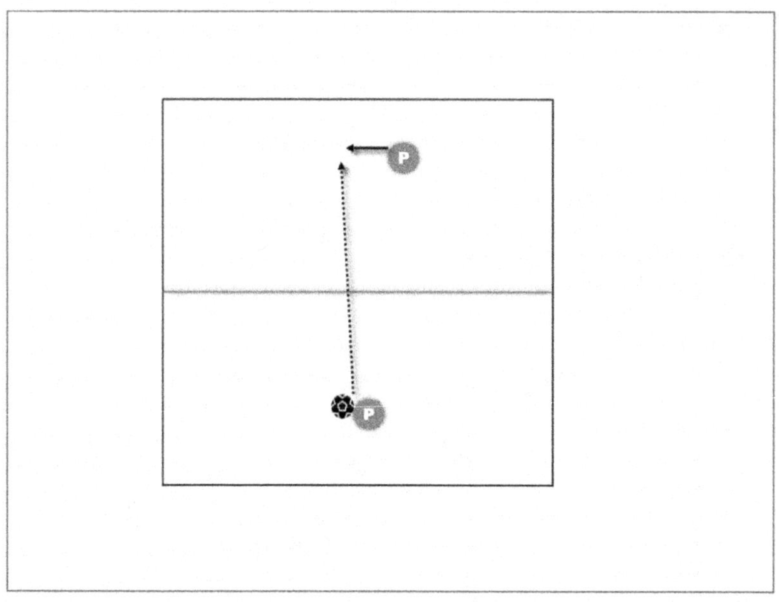

| Ejercicio N° 96 | Objetivo Principal | Despeje (Portero) |
|---|---|---|
| | Objetivos Secundarios | Mejora de la técnica de salida a despeje, centros y remate de cabeza |
| Medios Técnico-Tácticos | Despejes, golpeo de balón, centros, remate de cabeza y creación y ocupación de espacios. | |
| Jugadores | 8 (3:3+2 comodines) | Campo | 40 m x 30 m, con dos áreas de 10 m |
| Material | Conos, balones y petos | Tiempo | 6 x 2´ |
| Explicación | | |

Juegan 8:8+2 comodines, los comodines se sitúan por fuera y su misión es realizar centros al área de 10 m, dentro del campo se sitúan los dos equipos de 3, donde cada equipo tiene un portero. Los porteros solo pueden despejar el balón de puños y los atacantes solo pueden rematar siempre de cabeza y previo a un centro de un comodín desde la banda.

| Observaciones | Se despeja solo de puños y solo se remata con la cabeza. |
|---|---|

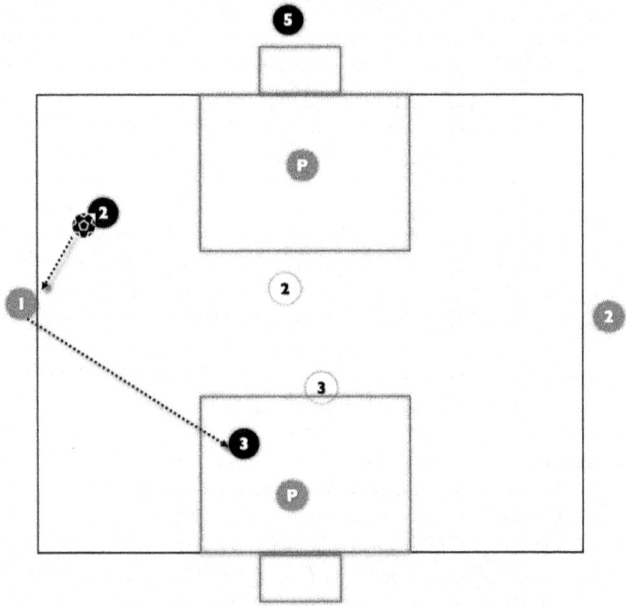

| Ejercicio N° 97 | Objetivo Principal | Rechace |
| --- | --- | --- |
| | Objetivos Secundarios | Mejora de la técnica de salida a rechace y golpeo de balón |
| Medios Técnico-Tácticos | Rechaces, golpeo de balón y creación y ocupación de espacios. | |
| Jugadores | 5 (4 atacantes y un portero) | Campo | 20 m x 20 m y se coloca una portería de 7 m |
| Material | Conos, balones y petos | Tiempo | 5 x 2´ |
| Explicación | | |

Juegan 4 atacantes y un portero. Los atacantes se sitúan en las esquinas del cuadrado y el portero en la portería del centro. Los atacantes se pasan el balón hasta que uno de ellos decide golpear a portería, el portero tiene que rechazar el balón.

| Observaciones | Solo puede rechazar el balón. |
| --- | --- |

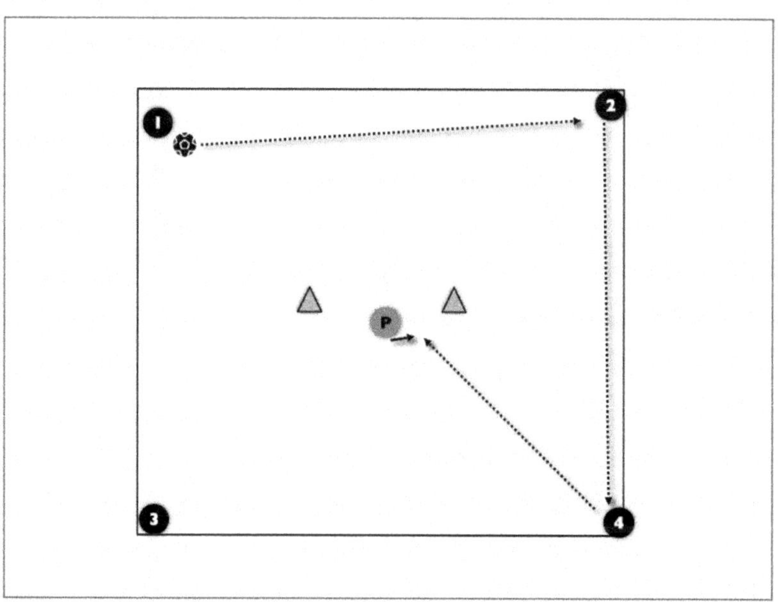

| Ejercicio Nº 98 | Objetivo Principal | Rechace |
| --- | --- | --- |
| | Objetivos Secundarios | Mejora de la técnica de salida a rechace y  golpeo de balón |
| Medios Técnico-Tácticos | Rechaces, golpeo de balón y creación y ocupación de espacios. | |
| Jugadores | 7 (2:2+2 comodines+1 portero neutral) | Campo | 25 m x 25 m, y una portería triangular de 7 m de lado |
| Material | Conos, balones y petos | Tiempo | 6 x 2' |
| Explicación | | |

Juegan 2:2+2 comodines+1 portero neutral. Los comodines van con el equipo en posesión del balón, que tiene que tirar a puerta antes del 4º pase, el equipo defensor tiene que evitarlo y el portero tiene que evitar el gol rechazando el balón.

| Observaciones | Solo puede rechazar el balón y no se puede tirar tras el 4º pase. |
| --- | --- |

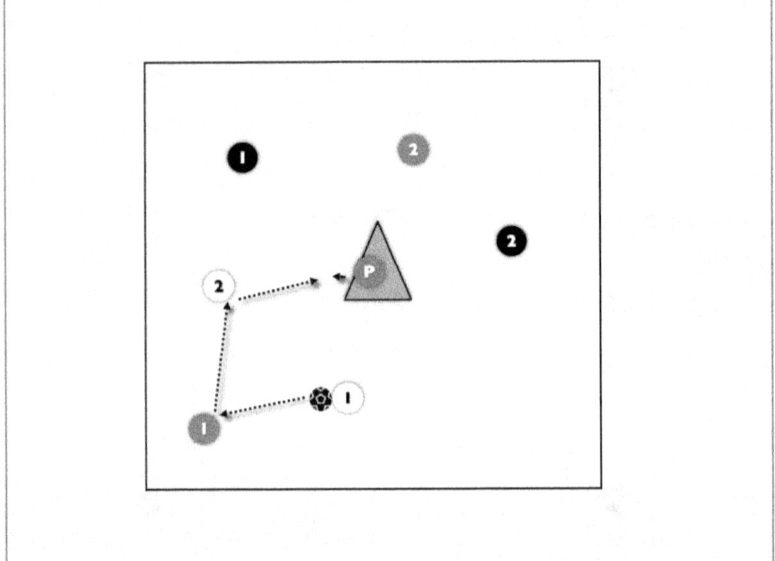

| Ejercicio N° 99 | Objetivo Principal | Salidas |
|---|---|---|
| | Objetivos Secundarios | Mejora de la técnica de salida y golpeo de balón |
| Medios Técnico-Tácticos | Salidas y regate. | |

| Jugadores | 2 (1:1) | Campo | 20 m x 15 m y dos porterías reglamentarias. |
|---|---|---|---|
| Material | Conos, balones y petos | Tiempo | 5 x 2′ |

| Explicación |
|---|
| Juegan 1:1, un portero intenta regatear al otro, este debe parar el desborde saliendo y tratando de quitar el balón mediante una entrada ya sea con los brazos o piernas. |

| Observaciones | No se puede tirar a puerta. |
|---|---|

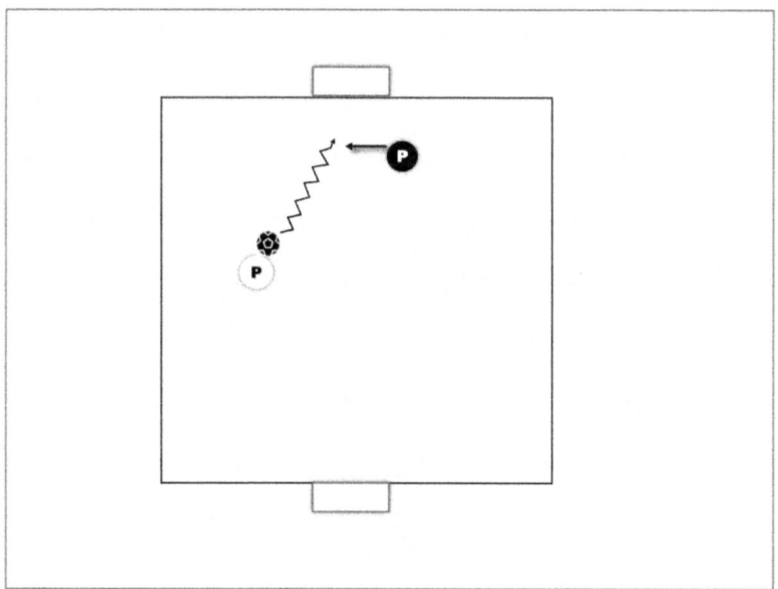

| Ejercicio Nº 100 | Objetivo Principal | Salidas |
| --- | --- | --- |
| | Objetivos Secundarios | Mejora de la técnica de salida, golpeo de balón, creación de espacios y regate |
| Medios Técnico-Tácticos | Salidas. Regate, creación de espacios, pase y golpeo de balón. | |
| Jugadores | 6 (3:3) | Campo | 25 m x 20 m y dos porterías reglamentarias. |
| Material | Conos, balones y petos | Tiempo | 5 x 2´ |
| Explicación | | |

Juegan 3:3, cada equipo defiende una portería y tiene un portero. Cada vez que se comete una falta, el equipo al que se le cometió, dispone de un penalti (delimitado en el campo el punto de penalti), donde tratará de desbordar al portero. El portero tiene que pararlo saliendo y evitando ser desbordado.

| Observaciones | No se puede tirar a puerta en el penalti. |
| --- | --- |

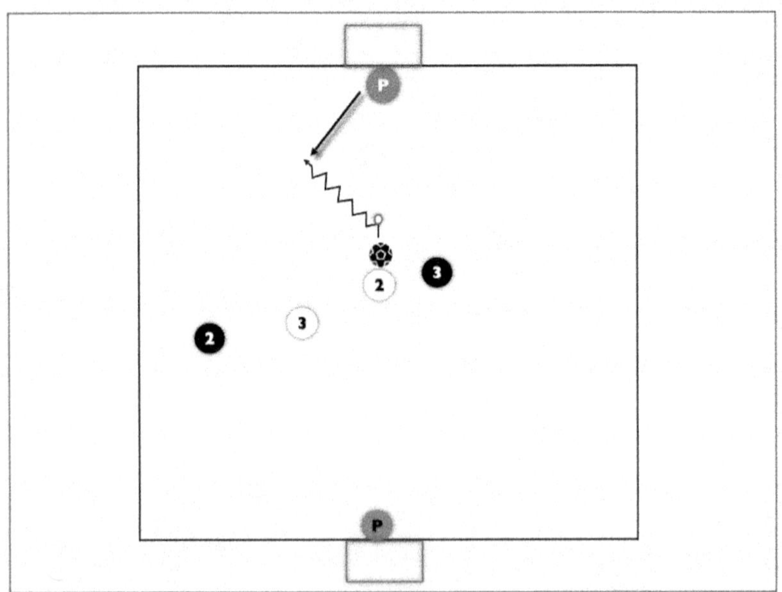